珍妮／著

三聯書店（香港）有限公司

我的第一本
教子工具書

第二版

責任編輯	俞 笛　張艷玲
書籍設計	鍾文君

書　　名	我的第一本教子工具書（第二版）
著　　者	珍妮（Jenny Mcfall）
插　　圖	李達　陳嬋君
出　　版	三聯書店（香港）有限公司
	香港北角英皇道 499 號北角工業大廈 20 樓
	Joint Publishing (H.K.) Co., Ltd.
	20/F., North Point Industrial Building,
	499 King's Road, North Point, Hong Kong
香港發行	香港聯合書刊物流有限公司
	香港新界大埔汀麗路 36 號 3 字樓
印　　刷	美雅印刷製本有限公司
	香港九龍觀塘榮業街 6 號 4 樓 A 室
版　　次	2013 年 7 月香港第一版第一次印刷
	2016 年 12 月香港第二版第一次印刷
	2017 年 3 月香港第二版第二次印刷
規　　格	特 16 開（152 × 228 mm）248 面
國際書號	ISBN 978-962-04-4093-9

© 2013, 2016 Joint Publishing (H.K.) Co., Ltd.

Published & Printed in Hong Kong

愛的藍圖

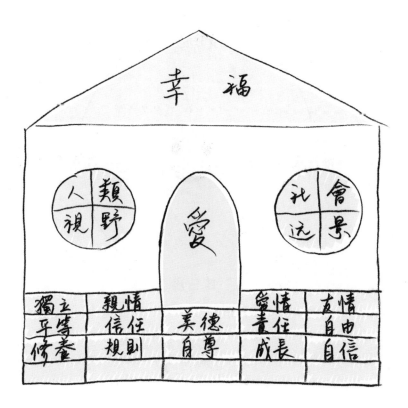

孩子的幸福感哪裡來？

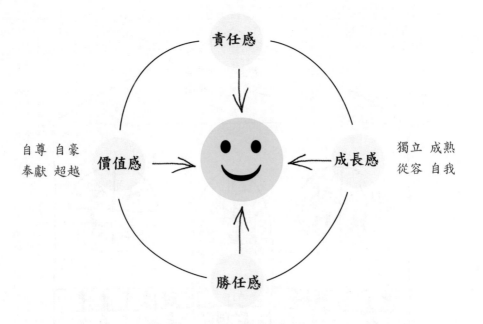

道德　給予
自律　責任

責任感

自尊　自豪　　價值感　　　　　　　成長感　　獨立　成熟
奉獻　超越　　　　　　　　　　　　　　　　　從容　自我

勝任感

自信　興趣
挑戰　創造

孩子的幸福感哪去了？

不明是非　無同理心
無規矩　推諉

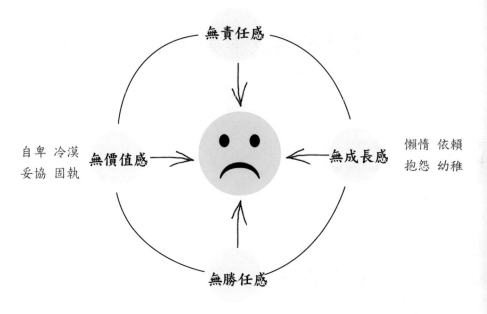

無責任感

自卑　冷漠　　　　無價值感　　　　　　　　無成長感　　　懶惰　依賴
妥協　固執　　　　　　　　　　　　　　　　　　　　　　抱怨　幼稚

無勝任感

沒自信　興趣低
逃避　消極

目錄

三、父母的正面形象

四、50 個養育情景，我怎麼說？

當孩子：

五、培養孩子 10 大素質，我怎麼做？

六、家庭管理：像經營生計一樣經營家庭！

七、孩子需要自主獨立，我怎麼支持？

自序 工欲善其事，必先利其器

作為母親，在養育孩子的過程中，我一直在探索科學養育的方式方法；作為教師，我不斷地嘗試把英語教學和品德教育結合起來；作為熱衷於親子教育研究和實踐的工作者，我做了無數例諮詢，幫助父母們解決親子難題，我感到有責任把所學、所思、所知、所做總結出來，幫助年輕父母科學地養育孩子。

在多年諮詢中，我接觸了無數父母。看到他們對孩子大發脾氣而束手無策，他們為孩子沒完成作業而焦慮，為孩子的懶惰而煩惱。看到父母無助的同時，也看到了孩子以自己的方式表達成長的煩惱和無奈。有的孩子以散漫拖拉來消極抵抗，有的孩子以無助的哭泣封閉了內心世界；有的孩子在尋求家庭以外的長者以獲取成長的出路和力量……

之所以父母付出了愛和努力，孩子仍然出問題，那是因為父母愛得不正確，教導得不科學。科學的愛是理解孩子自身的成長需要，了解親子教育內在的規律，使用有利於孩子健康成長的教導方法。

多年來，對於父母如何正確地管教孩子，才能避免其日後出現心理問題，父母怎樣做才能讓親子教育變得既輕鬆，又省時省力有效果，我一直在學習和實踐各種的科學理念、方法和技巧。

我所倡導的理念和方法是被實踐證明行之有效的、符合科學規律的方法。

它們以著名心理學和教育學大師的研究成果為理論原理，以尊重為原則的人性化的方法，特別適合現代社會尊重人性的發展。所以，我的教育方法不提倡父母對孩子大聲訓斥、打罵、收買、恐嚇、控制和溺愛，而是倡導父母和孩子一起演練愛的藝術、說的藝術和做的藝術，讓父母和孩子共同成長。

接受了我的親子教育理念的父母，積極地嘗試我的建議。為了孩子的改變，他們願意先改變自己，並且取得了顯著的效果。一位媽媽諮詢後，立即調整了家庭的教育環境。一位媽媽在督促孩子關電視時，有意識地用了有效溝通的 "選擇法"。我的一個學生用 "我做到了！" 自我激勵表格，嚐到了甜頭，高興地對我說 "很爽"。一位媽媽說，我不再像以前那樣焦慮了……

這本個性化、互動性、實用性十足的書體現了我的創新構思：既把養育知識和實踐緊密地融合，又為每位父母提供思考的空間，讓讀者與書互動。父母們在接受科學養育方法的同時，時而審視自己的養育問題，時而提筆記錄珍貴的養育歷程。那些方便實用的守則和圖表等輔助教導工具更是節省了繁忙父母的許多時間和精力。

我們不缺理論，我們不缺案例，我們只缺科學的、精細的、得心應手的工具。準備工夫做好了，親子教育真的可以事半功倍！

一、愛得正確，
　　　養育才正確！ ⟶

有位家長對我說：“我為孩子付出得太多了，為什麼他還恨我？” 有了這種疑問的家長應該反思：為什麼父母那麼愛孩子，而孩子感受不到愛呢？難道是愛錯了？是的。如果孩子感受到我們的愛，我們也感受到孩子的愛，這才說明我們愛對了。這種愛是成熟的愛，是有能力、有品質的愛。

反之，當父母的愛引起了孩子的反感、厭惡、反叛、甚至逃避，這種愛就是錯誤的愛，是無能力的、負面的愛。顯然，愛得不正確，親子關係就會出現問題，親子教育就有障礙。

父母要想對孩子的教育有成效，首先要清楚怎樣愛孩子，才有利於孩子的成長。

（一、正確的愛要了解愛的對象

孩子除了物質生存的保障，還需要充滿愛的、寬容的環境和足夠的成長空間，才能發展潛能，才能快樂地成長。我們愛孩子，就要清楚他們的心理和精神需要什麼：

孩子需要無條件的愛，我們就給他愛。無論發生什麼事，我們都接納他。
孩子需要信任，我們讓他信任，讓他看到一個真實的我們。
孩子需要自主獨立，我們就給他自主權。我們不再操控和替代。
孩子需要掌控感，我們就給他主動權。我們教會他負責任。
孩子只有在寬鬆、自由的空間中，才有可能充分地感受和理解父母之愛。

2、正確的愛要懂得 "分離"

有愛，才有"分離"。"分離"是愛的一部分。"分離"意味着愛得科學，愛得灑脫，愛得適度；意味着要愛，還要"放手"。父母與孩子分離得越徹底，孩子人格成長得越健康，綜合能力越強，親情的紐帶越牢固，每個家庭成員才幸福。

與孩子分離不是不愛，而是指父母有意識地超越本能的愛，和孩子"心理斷奶"，理性地支持孩子獨立自主的要求，培養孩子獨立的人格。

孩子從兩歲左右就開始了自主意識。如果父母不理解的話，常常會抑制孩子的成長。

父母與孩子"心理斷奶"有助於：

- 消除彼此過度依賴的心理。
- 滿足孩子自主獨立的需求。
- 幫助孩子建立健康的"自我"。

本書提供的實用方法和技巧可以幫助父母在日常生活中，讓"分離"順勢而為。

3、成熟的母愛要支持孩子獨立

母親孕育了孩子，母親和孩子的關係有着特殊的區別於父親的意義。

從孩子成長的意義上講，母愛需要超越本能的愛而昇華為成熟的愛。母愛的能力伴隨孩子的成長而發展、提升。母親的良知感染孩子，而母愛的能力影響孩子的一生。孩子在自己的生活中以良知繼續實踐母愛的無比力量。母愛的偉大意義正在於此。

智慧母親生活的重要內容之一應該是理性地支持孩子獨立，最終讓孩子離開自己，而生活在他自己創造的世界。母親人格獨立、自愛自立，有快樂的人生觀，有和孩子共同成長的心態，才能理性地支持孩子獨立。

如果母愛不能超越本能的給予，通常會導致病態的依戀人際關係，並由此導致家庭和社會問題。例如：自戀、人格缺陷、戀母戀父情結、婆媳關係不合、親子關係緊張、親情喪失、大“小孩”的婚姻、啃老族、宅男宅女、社會人際關係不和等等。

弗洛姆：“母愛的真正本質在於關注孩子的成長，這也就意味着想讓孩子離開自己。”

4、父愛應該是理性的

父親沒有經歷母親在身體中孕育嬰兒的體驗，所以，在孩子早期階段，父親與孩子沒有特殊的聯繫。但是，父親的存在代表尊嚴、權威、力量、理性、冷靜、規則、探險等人類生存所具備的品質。父愛也因此被賦予與母愛不同的意義。

父愛應該是理性的、具有社會性的，即父親理性地按照社會生存的要求讓孩子遵守規則和紀律。父愛在對孩子管教和約束的同時，自己也在成長。孩子從父愛的尊嚴中習得紀律和服從，鍛煉主宰自己世界的能力，為未來走向社會做好準備。

理想的父愛以理性教育孩子，同時，又在日常生活中傾注感性的內容，和孩子一起分享對生活的熱情和感受，分享心靈的溝通。否則，父愛對孩子是冷冰冰的、疏離的、不能親近的，可能會造成孩子叛逆和疏遠等後果。

成熟的父親有責任感，有能力愛他的女人和孩子。做父親容易，但做合格的父親需要付出努力，需要學習思考，還需要對養育孩子傾注熱愛，投入時間。

弗洛姆："父愛是有條件的愛……父愛的本質是：順從是最大的美德。"

5、父愛與母愛的融合

雖然母愛和父愛有本質的不同，但是在實際的家庭養育中，將其完善地融合是可以做到的。現在男性和女性大多從事同樣的工作，他們的能力同時得到鍛煉，素質同時得到提升。這些能力和素質，加之從小在家庭生活中培養起來的一併成為他們為人父母的品質和能力。善良、寬容、自信、理性、自律等的優良品質和學習能力、人際能力、社會適應能力等等都是年輕人做好父母的基礎。他們又可以把優良的素質傳承給下一代。

父愛和母愛的融合需要父母使用一些簡單實用的方法和技巧，一是可以有預見性地避免愛的偏差，二是用科學的方式方法使養育更輕鬆、更有效。

6、單親養育

單親養育孩子對撫養孩子的一方比雙親家庭的父母要求更高。單身父母是家庭中唯一的榜樣，無論父親和母親都需要同時肩負起兩個角色的責任，除了給孩子提供足夠的安全感外，還要影響孩子以感性之熱情去擁抱生活，享受生命之美，以理性的力量來培養人格和品格，並管理日常生活和工作。經驗告訴我們，只要正確地愛孩子，我們一定會努力去勝任這兩個角色，去尋求並實踐有效的方法，我們同樣能收穫愛之養育的喜悅，收穫感性和理性平衡的新"自己"。只要掌握科學的養育知識和方法，單親家庭的養育並不困難。

弗洛姆："成熟的人使自己在外部脫離了父母親的手掌，在內心卻將這兩個形象樹立起來了。"

二、科學養育 abc

一位媽媽曾經對我說："我可以管理我的下屬，為什麼就教育不了自己的孩子？"這究竟是怎麼回事呢？其實，經營企業和經營家庭有着相同的道理。人的第一個微型小企業就是家庭。父母好比企業的領導。父母要經營好家庭，教育好孩子，首先需要具備企業家一般的精神，那就是以對孩子無限的愛和熱情去投入。其次，需要了解我們要教育的對象——孩子的心理特點和需要。再次，具備科學的養育知識和方法以及一套得心應手的科學管理工具。

在繁忙的工作和生活中，利用有效的時間把孩子教育好的確是一門藝術。既然是藝術，它就包含了一些創造性的技能和技巧，就如同人們學習一種樂器，掌握一手廚藝一樣，需要付出努力。潛心學習基本知識，用心練習基本功，才能提高養育的技藝。

心理學的基本知識能夠幫助我們了解孩子的內心世界，理解他們的需求，以便實施針對性的教導。著名的心理學大師畢生致力於研究人的行為和心理的關係，從不同的角度探索人怎樣才能幸福快樂，探索父母的養育方式對孩子終生發展的影響。他們的科學研究成果對我們父母養育有着積極的指導意義。

埃里克森的人格發展階段理論告訴我們，父母在孩子不同的年齡階段，側重完成培養孩子不同的積極品質，避免形成消極的人格。

阿德勒個體心理學強調社會因素對人格的作用。他的理論對父母在家庭環境中培養孩子的社會所接納的品質和技能有着非常重要的指導意義。

發展心理學家戴安娜‧鮑姆林德所做的家庭教養方式的研究指出，父母的養育方式對兒童的社會性發展和個性形成產生了重大影響。那麼，哪種養育方式更有利於孩子能順利成功地走向社會、被社會接納呢？

多數父母常常沿用上一輩父母的養育方式方法，一是行為習慣的自然傳承，二是這樣做比較容易，不用花很多心思去努力。但是我們賴以生存的飛速變化的社會，對現代父母的養育提出了更高的要求：要跟上時代的步伐，要學習，要更新養育方式，在家裡給孩子打好社會性發展的基礎，把孩子培養成為一個具有現代人精神和品質的人，一個具備現代社會技能的人，例如：懂得尊重、負責、自律、誠信、自主自立、自我管理、抗挫折、團隊合作、雙贏多贏等等，使其能夠適應並更好地立足於現實社會。

無論父母的職業是什麼，或是全職母親，如果有一些基本的心理學常識作指導，不僅可以更好地了解孩子，更重要的是可以使自己的養育方式和方法更明確，親子教育就會更輕鬆，效果會更好。

一、健康的人格從這裡做起

心理學家埃里克森認為，人格的發展經過幾個順序不變的階段，每個階段都要有一個發展任務。如果順利地完成每個階段的任務，就形成積極的個性品質，完成得不好就形成消極的品質。

父母在孩子的任何年齡階段中忽視人格方面的教育要點，都將會阻礙孩子終生的發展。他的理論為父母養育孩子提供了理論基礎和養育的任務。

埃里克森把人格的發展分為八個階段：

一、學習信任階段。

二、成為自主者階段。

三、發展主動性階段。

四、變得勤奮階段。

五、建立個人同一性階段。

六、顯示充沛感階段。

七、承擔社會義務階段。

八、達到完善階段。

（因為本書探討的是 13 歲以下的親子教育問題，所以只引用了埃里克森八個人格發展階段中的四個階段。）

孩子 0-1 歲

孩子的發展任務是獲得信任感和克服不信任感，他體驗着"希望的實現"。

養育重點：

讓孩子信任我們。給孩子足夠的愛，滿足孩子基本的需要，渴了餓了，生病了，我們及時地給予照顧。

信任在人格中形成了"希望"的品質，它能增強自我的力量。具有信任感的兒童敢於希望，富於理想，具有強烈的未來定向。反之則不敢希望，時時擔憂自己的需要得不到滿足，不相信周圍的世界。

Tips:

父母再忙也要全力關注、滿足孩子的生理和心理需要。

孩子 2-3 歲

孩子的發展任務是獲得自主性和克服羞怯感和疑惑感，他體驗着"意志的實現"。

養育重點：

幫助孩子養成生活自主的能力。

兩歲左右的兒童開始有自主感，他們堅持自己喝水進食，自己去廁所，他會反復用"不"來反抗外界的控制。此時是父母絕不能錯過的放手和規定行為的好時機。

既支持孩子自主自立，同時又要教他規矩。達到這樣的平衡才能使孩子形成意志的品質。

自主感沒有發展起來的孩子可能會懷疑自己的能力，因為不能勝任而有羞愧感。

孩子 4-6 歲

孩子的發展任務是獲取主動感，克服罪疚感，他體驗着 **"目的的實現"**。

養育重點：

創造機會讓孩子養成**主動性**。

學齡前兒童繼續發展獨立性，開始按自己的意願行事。如果孩子沒有主動性，不能完成想要完成的事情，會產生內疚和自責感。

如果成人譏笑孩子的獨創行為和想像力，那麼他就會逐漸失去自信心，缺乏自己開創生活的主動性，將來他們更傾向於生活在別人為他們安排好的狹窄圈子裡。

當兒童的主動感強烈時，他們就有了"目的"的品質。

> **Tips:**
>
> 1）讓孩子參加各種室內外活動，發展愛好，鼓勵他們主動探索。
>
> 2）孩子要積極主動地做事時，千萬別因為怕他做不好而阻止他。

✓ 孩子 7-12 歲

孩子的任務是獲得勤奮感而克服自卑感，他體驗着"能力的實現"。

養育重點：

幫助孩子獲得勤奮感，發展解決問題的能力。孩子通過學習新的知識和技能，繼續發展自信心。如果孩子沒有受到鼓勵和表揚，他可能會有自卑感。孩子對事情有掌控感，對承擔的工作任務充滿信心，他們因此會獲得"能力"的品質。

> **Tips:**
>
> 1）堅持讓孩子在家裡學習管理自己，養成主動幫助做家務的習慣。
>
> 2）支持孩子在學校的學習及其他各項活動。
>
> 3）千萬別代替孩子做他力所能及的事，以免令其變得依賴和懶惰。

2、父母什麼時候該放手？

不放手有哪些風險？怎樣規避這些風險？

✔ 孩子 0-3 歲：

在這個階段，母子交往的品質非常重要。母親需要給孩子足夠的愛，讓他感到安全。同時母親又要放手，不讓孩子的需要隨心所欲地得到滿足，例如：中止哺乳，減少懷抱的時間，承認他獨立的表現，讓他自己喝水、吃飯，鼓勵他學步等等，支持孩子自主的需求。

這一平衡階段的風險，主要是當孩子需要母親的愛撫和關注時，母親忽略了，孩子想看到母親的微笑，母親不在眼前。孩子渴了，沒及時地餵水，孩子尿了，沒及時地換尿布。

愛的萌芽是信任。沒有得到父母充分的愛的孩子，很難發展起對他人的信任感，容易產生孤獨、乖戾、偏執、多疑、安全感低、自尊低、嫉妒、退縮、或軟弱或好鬥的消極性格。

缺失愛的人很難有同情心，不能考慮他人的感受，在處理與朋友、同事、愛人等人際關係時常常是失敗者。在童年時期沒有與父母建立起親密感情的孩子，或許終生都在尋求一種被愛的感覺來彌補這種殘缺。

規避這個階段的風險，父母要做到：

- 再忙也別忽略對孩子的愛，別把養育的責任和任務交給長輩和保姆。
- 盡可能抽出更多時間和孩子一起活動。
- 讓孩子從父母善良的目光、發自內心的笑容裡，耐心的關愛行為中，感受父母的愛，感受幸福。
- 別忽略孩子的心理需要。及時的幫助，能讓孩子感覺父母值得信任。

在這個年齡段，還有另一個風險。兩歲左右的孩子開始有自主意識了。他想要主動地做新的嘗試。當孩子的成長需要脫離父母要自主時，養育者不僅沒有放手，反而對他更加限制。比如，孩子已經可以走路了，養育者嫌他走路慢，仍然長時間地抱着他；孩子可以自己吃飯了，養育者嫌孩子吃得慢，就堅持餵他；怕孩子亂跑有危險，就長時間地把他放在膝上或童車裡看管……這樣的養育方式影響孩子智力、體力和動作的發展，容易形成依賴性強、膽怯的性格。

規避這個階段的風險，父母要做到：

- 孩子要跑、要跳，只要環境安全，就別限制他。
- 不要為了圖省事、好看管，就把孩子長時間地放在童車裡，放在膝上或者小床裡。
- 在安全的情況下，讓孩子盡情地發揮天性。
- 多觀察，少制止、少限制。

✔ 孩子 3-6 歲：

養育者"放手"表現在鼓勵孩子對自己的情感和行為負責，例如不再讓孩子和父母同床，訓練孩子上幼稚園不戀家，讓孩子做些力所能及的事，支持他主動做事的需求。

這個階段是對孩子進行品行教育的最佳時機。孩子在發展主動性的同時，也需要父母及其他養育者的教導，學習控制自己的行為。

這一階段的風險，主要是該放手支持孩子嘗試獨立地為自己負責任時，養育者對他控制，例如：堅持和孩子同床睡覺；替孩子拿書包上學；包辦替代做事……養育者不讓孩子學習為自己負責任，例如：嫌孩子穿衣慢，就不讓他自己穿衣；或者是放任，孩子不願意去幼稚園，就可以不去；任由孩子發脾氣，孩子一哭鬧，就立即滿足他……

另一個風險是在規範孩子的行為時，養育者的教導不一致。例如：媽媽堅持讓孩子早飯前刷牙，奶奶說，時間來不及了，沒時間吃飯了，今天不用刷了。孩子到底聽誰的？當他迷惑時，怎麼能學會對自己的行為負責任呢？

規避這個階段的風險，父母要做到：
- 首先要制定出幾個必要的守則，明確行為規範。
- 對孩子教導一致。
- 鼓勵孩子學習管理自己，參與家務。
- 對孩子使用讓孩子感受到被尊重的教導方法。
- 說孩子能夠聽進去的話。
- 耐心、耐心、再耐心；堅持、堅持、再堅持。

✔ 孩子 6-12 歲：

養育者"放手"表現在支持孩子各方面的獨立需求，給孩子機會養成為自己、為他人負責任的習慣。

孩子通過對自己負責、管理自己而變得成熟。獨立的需求被養育者扼殺了的孩子沒有"價值感"的體驗，因此，很難在與父母的關係中建立起自信，導致社會適應性差。

這一階段的風險是孩子自己要面對的、要解決的矛盾。他由原來對家庭的依賴，開始轉向往外部世界尋求獨立；由對家庭的歸屬轉向在外部世界尋找自己的歸屬，尋求別人的認同。這是孩子邁向獨立的一個重要的過渡時期，是開始為以後走向更大、更複雜的社會做準備的階段。

養育者是否能夠支持孩子的過渡，是否能夠智慧地放手，直接影響到孩子在家庭以外的社會中建立自我、受朋友的接納、適應社會的程度。

不能順利過渡的孩子缺乏自信，獨立性差，不能與他人正常交往。

規避這個階段的風險，父母要做到：
- 自己先做孩子信賴的朋友。
- 學會逐漸地放手，消除孩子的依賴感。孩子能做的事情，絕不替代。
- 不再對孩子過多地限制，給他足夠的空間，讓他自己思想、自己決定、自我管理。
- 支持孩子交朋友，幫助選擇朋友圈子。

• 幫助孩子發展愛好，豐富課餘生活。鼓勵孩子參加各種興趣班，在群體中與同齡人互動。

3、認識兒童的社會性發展

為什麼有的成年人脾氣暴躁，以自我為中心，人際關係差，工作和生活都不如意？為什麼高情商的人受人愛戴和尊重，工作和生活都如魚得水？這些差別和他們幼兒時期的成長有關係嗎？心理學家做出了肯定回答。阿德勒的兒童社會性發展理論給父母非常重要的啟示。父母給孩子創造了怎樣的成長環境？父母和孩子關係是親還是不親？父母怎樣幫助幼兒建立健康的自我？怎樣發展幼兒的社會興趣？

社會性發展是指人在社會交往中，建立良好人際關係，適應社會所需要的情智和社會技能的發展。

兒童社會性發展與"體格發展"和"認知發展"共同構成了兒童發展的三大重要方面，是兒童人格發展的重要基礎。促進兒童社會性發展已經成為現代教育的最重要的目標。

當今社會要求父母轉變家庭教育觀念，從傳統的"學知識"轉變為"學做人"最重要。對孩子們而言，懂得待人接物之道，善於處理人際關係中遇到的問題，決定了將來他們是否能成功地立足於社會，決定了他們的婚姻和家庭是否美滿，決定了他們的幸福指數有多高。

家庭是孩子的第一個社會環境。父母培養孩子適應社會所需要的品質，為其走向更寬闊的社會做好準備，幫助孩子從幼年開始演練社會技能已經是責無旁貸的了。

父母是孩子的榜樣，孩子無時無刻不在觀察、模仿著父母的一言一行。父母在日常生活小事中，教孩子做人的道理，對孩子進行人際交往技能的訓練，有意識地培養孩子的情商和解決問題的能力，引導孩子結交朋友、發展友誼是親子教育最重要的內容。

父母應該了解的關鍵字

愛的能力
快樂、勇敢、堅強、自尊、自信心
同情心、同理心、互助、合作、分享
自主、主動
遵守社會行為規則
責任感
解決問題的能力

幼兒社會性發展包括以下幾個方面內容：

✔ 自我意識的發展

• 自我認識：對 "我" 的認識，認識自己身體的部分和自己的名字等等。

- 自我情感的體驗：包括自尊、自信、自我價值感、成功感、自我效能感等等。
- 自我控制和調節：通過行動和語言內化社會品質。三至四歲利用外部語言自動調節自己的行為，比如父母告訴孩子去刷牙，他按照父母的指令，逐步養成習慣。到六歲左右時轉換為內部語言調節，比如，該刷牙了，孩子主動地去刷，不用別人提醒了。
- 自我管理：做力所能及的事情以照顧自己。

社會認知的發展

社會認知包括對自我、對社會關係、對他人、對社會環境和現象、對性別角色、行為方式、對社會規範的認知。

社會行為的發展

親社會行為：幫助、合作、分享、謙讓等行為。
攻擊性行為：言語和身體的侵犯，罵人、打人、咬人、故意損壞東西、向別人挑釁。
社會退縮行為：撒謊、嬉戲、告狀等行為。

社會適應能力的發展

社會適應能力主要包括適應新環境、面對陌生人、和同伴交往、獨立克服困難、解決生活問題的能力。

✔ 社會情感的發展

社會情感包括依戀感、同情心、責任感、羞愧感以及各種情緒，比如高興、生氣、傷心等情緒的表達和控制。

✔ 道德品質的發展

道德品質包括分辨是非的能力、道德行為習慣的養成和道德情感的發展。

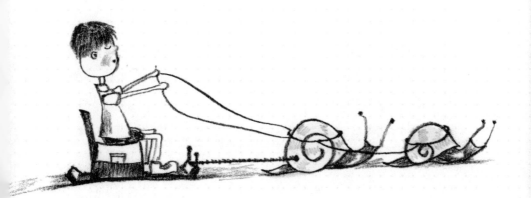

附：我的孩子的一般社會能力如何？

	行為標準	程度		
1	可以説 "請"、"謝謝"、"對不起" 等敬語。	沒有	有時	經常
2	主動幫父母做些力所能及的事。	沒有	有時	經常
3	會表達自己的情感，如喜愛、快樂、憤怒、生氣等。	沒有	有時	經常
4	扮裝大人做遊戲。	沒有	有時	經常
5	模仿其他孩子，遵守遊戲規則。	沒有	有時	經常
6	不用提醒會主動跟別人打招呼，會道歉。	沒有	有時	經常
7	扮演爸爸媽媽，和小朋友玩 "煮飯仔" 遊戲。	沒有	有時	經常
8	在公共場合舉止適宜，沒有大吵大鬧等不良行為。	沒有	有時	經常
9	想用別人的東西，會先問別人。	沒有	有時	經常
10	別人給選擇的機會，會做出選擇。	沒有	有時	經常
11	大人不在身邊也可以獨自玩。	沒有	有時	經常
12	向別人説明遊戲的玩法。	沒有	有時	經常
13	能注意聽別人講話，不打斷別人。	沒有	有時	經常
14	會表達自己的看法，説出 "你錯了"。	沒有	有時	經常
15	樂於幫助別人。	沒有	有時	經常
16	樂於送禮物給別人。	沒有	有時	經常
17	會照顧比自己小的孩子。	沒有	有時	經常
18	對動物和植物表示同情心。	沒有	有時	經常
19	避免和別人發生衝突。	沒有	有時	經常
20	有了衝突不害怕，會盡力去解決。	沒有	有時	經常

4、認識四種主要的養育方式

權威民主型 / 獨斷控制型 / 嬌慣溺愛型 / 忽略放任型

有些父母堅持使用一種養育方式。有些父母通常不會採用單一的教養方式，而是以其中一種方式做主導，混合使用幾種方式。

權威民主型

父母與孩子共同成長。父母以身作則，嚴明規矩，樹立權威，同時用民主的方式對待孩子，尊重做孩子終生的朋友。權威民主型養育是育兒專家最為推薦的養育方式。它的特點是：

- 以孩子為本。
- 了解孩子心理成長的需要。
- 尊重孩子的人格，保護孩子的自尊，肯定孩子的價值。
- 有清晰的養育指導方針。
- 既有對孩子的行為規範，又能滿足孩子的自身成長需求。
- 善於調動孩子自身的資源和能力。
- 給孩子足夠的表達自由。

權威民主型父母培養的孩子，情緒穩定、積極向上、情感豐富、自信、獨立、合群、自律、負責、高自尊、高情商、社會適應能力強。

權威民主型父母口頭禪："我們一起討論都能接受的解決方案。"

獨斷控制型

對孩子打罵制服的方式和現代社會崇尚的多元化、選擇和創新的理念相違背。它的特點是：

- 以父母自己為中心。
- 不理解孩子心理的需要。
- 對孩子的行為有要求，但是忽略了孩子自身的成長需求。
- 採用棍棒教育，以專制方式強迫孩子無條件地服從自己。
- 懲罰的同時不給孩子講明道理。
- 不給孩子發言權。

獨斷控制型父母養育的孩子，情緒不穩定、消極、自卑、逃避、缺乏是非感、畏懼、易於服從和妥協、依賴性強、低自尊、社會適應性差、與父母親情疏離。孩子在高壓下可能會在某一方面取得成績，但是心理發育不健全。

獨斷控制型父母口頭禪："按我說的做！"

嬌慣溺愛型

以愛的名義過分地溺愛孩子，實際上是在阻礙孩子的成長。孩子因為沒有界限和規範而迷惑、艱難地成長。它的特點是：

- 以孩子為中心。
- 忽視孩子心理成長的需要。
- 對孩子的行為沒有明確的規範，無原則地滿足孩子的要求。

嬌慣溺愛型父母培養的孩子、幼稚、依賴感強、自我中心、衝動、任性、不負責任、不服從、反叛、霸道、脆弱、缺乏獨立生活能力、社會適應性差。

嬌慣溺愛型父母口頭禪：“你說怎麼辦就怎麼辦。”

✓ 忽略放任型

對孩子情感疏離的父母缺乏對孩子情感上的支持。它的特點是：

- 可能會滿足孩子基本的生存需求。
- 忽略孩子心理成長的需要。
- 對孩子的行為沒有要求，也忽略孩子的需求。

忽略放任型父母培養的孩子認知能力低、好鬥、低自尊、不負責任、社會適應性差，容易成為“問題少年”，和父母的關係差。

忽略放任型父母口頭禪：“別再煩我了！”

5、支持青春期孩子獨立自主

成長為一個獨立的成年人，孩子必須：

- 學會更少地依賴父母，更多地對自己負責任。

- 學會自己獨立地解決問題，敢於自己做決策。

實現獨立性是孩子成人之路最重要的部分。為了使孩子順利、成功地走好這條路，不僅孩子需要大量地嘗試新事物，而且還需要父母悉心地引導，支持孩子走向獨立。

在孩子從依賴到獨立的過程中，我們可以做到：

- 用科學的養育方式教育孩子。尊重孩子的觀點和意見，站在孩子的角度考慮他們的情感變化和需求，保護他們的自尊。

- 盡早地建立清晰明確的家庭守則，讓孩子明白我們的期望和行為的界限。

- 平靜地和孩子交談我們的想法和感覺，保證交流通道暢通。和孩子的看法不一致時是我們給孩子做溝通榜樣的良機。讓孩子看到人們如何有不同的見解。

- 對孩子的興趣、愛好和朋友真正地感興趣。

- 給孩子機會自主地做能夠做的事情、能夠決定的事情。向孩子解釋不同年齡階段他們應該所負的責任。不過分干涉孩子的事情。

- 幫助孩子發展決策的技能：

  和孩子共同找出不同的選擇。

  分析不同行為的利弊。

  衡量利弊做出最好的決策。

  如果孩子沒有達到所計劃的那麼好，再進行分析和考慮。

  關注孩子做事情的過程和結果，並且給予適當的反饋。

- 孩子需要和我們交談時，一定要花時間認真地傾聽。

- 給孩子成長的空間。保護孩子的隱私。如果限制得太嚴格，孩子可能沒有足夠的空間去嘗試新的體驗。

- 讓孩子參與一些大事的決定是提升孩子自尊的機會，讓他感到參與的價值，例如：一起討論選擇新學校、晚歸和早戀問題。

- 支持孩子參加運動和興趣班等活動，在和同齡人交往中做有益的冒險。

三、父母的正面形象 $\longrightarrow$

一位幼稚園老師的這段話值得所有的父母深思："請父母注意了。看到你們的孩子在幼稚園的言談、行為舉止和玩法，我就看到了你們在家裡是否互相尊重，使用了什麼樣的語言，什麼樣的行為。"

父母可能會認為，在家裡把門一關，就和外面的世界隔絕了。其實不是，孩子時時在看着家裡發生的一切，刻刻在習得父母的言語和行為，然後把它帶到了家庭以外的世界。

既然如此，我們便會明白"孩子在外界傳達的東西是我們父母要讓外界看到的"有多麼重要！我們便會理解"社會對我們是有要求的"有多麼重要！我們便會做到"我先要改變自己，孩子才能改變"是多麼必要！

毫無疑問，父母想要培養孩子的社會行為規範先從自己做起，從源頭開始，準備好和孩子一起成長。重新審視自己有待提高的素質，調整對孩子的期待，檢查自己原有的教育理念和養育方式。在日常生活中，尤其是面對困難、問題、矛盾和衝突時，給孩子做正面的榜樣。

正面榜樣給孩子傳達正能量，即健康樂觀、積極向上進取的動力和情感品質。反之，父母把違背道德的價值觀、消極的生活態度和生活方式傳遞給孩子，孩子的內心就積聚了負能量，他未來的生活和工作都不容易成功。

那麼，孩子期待看到的父母形象是什麼樣呢？世界上著名的心理學家和教育學家的研究成果，還有無數智慧父母養育經驗的總結告訴我們：孩子希望我們和藹可親、可以信賴、堅定、堅強。

一、父母應該樹立的正面形象

✔ 和藹可親：孩子需要自尊心

父母教育孩子的態度要溫和，語言、語氣和語調都要溫和。任何輕蔑、羞辱、斥責、訓斥、諷刺、挖苦、不信任、不耐煩、大喊大叫、動手打、動腳踢、過多的批評都會傷害孩子的自尊心。

人的自尊心是尊重自己，維護自己的人格尊嚴，不許別人輕蔑、侮辱的心理狀態。自尊是人自信、自立的基礎。

孩子雖然弱小，但是他們的自尊心和我們成年人一樣。我們不願意聽別人訓斥，孩子也不願意。我們不願意聽別人對我們喊叫，孩子也不願意。我們不容許別人打我們，孩子也不願意。

孩子再小，他也是一個獨立的人，他和我們成年人一樣，在人格上是平等的。所以，父母和孩子之間的關係應該是相互尊重的。

父母對孩子和藹可親讓孩子感受到父母的尊重。他有了自尊，學會了尊重別人，也會受到別人的尊重和愛戴。孩子受到尊重，在人格平等的情形下，更容易接受父母的教導。

有自尊心的人，處事光明磊落，有積極的人生觀，對學習和工作有強烈的責任感，能夠吃苦耐勞，自覺地做好事情。

缺乏自尊心的孩子內心是自卑的，他沒有了做人的底氣。哪個父母願意給孩子幼小的心靈留下自卑的陰影呢？哪個父母不願意自己的孩子抬起頭來，腰板直直地、雙腳穩穩地、堂堂正正地做人呢？

那麼，從現在起，開始改變自己對孩子說話的語氣吧，改變自己對待孩子的教導方法吧。

✔ 值得信賴：孩子需要良師益友

許多父母抱怨，孩子不親，不和他們說心裡話，甚至無話可說，拒絕交談。那麼問問自己幾個問題，就可以找到原因：

- 我總是說一不二嗎？強迫孩子聽話，做事嗎？
- 我總是認為孩子小不懂事，就不給他機會說話嗎？
- 我對孩子有足夠的耐心，聽他把話講完嗎？
- 我總是搶在孩子的前面先說話嗎？
- 我每天用了多少時間和孩子談天？
- 我是否說話不算數？

隨着年齡的增長，孩子的心事越來越多，他需要和他信賴的人傾吐，以便調整心情，更好地學習和生活。我們希望這個信賴的人是其他人？還是親生父母？我們父母都會回答，當然是父母了。孩子也希望父母是他可以信賴的、無話不說的人。

做孩子一生可以信賴的朋友並不難。這需要我們父母有意識地在血緣親情關係上，再建立一份友誼。友誼意味着尊重、不打不罵、信任、互吐心聲、真誠地互相幫助。如果我們是孩子的良師益友，我們還用擔心孩子不和我們親密嗎？做孩子的良師益友越早開始越好。

父母要做到：

- 儘管孩子幼小，我們相信他的觀察力和理解力。
- 尊重孩子。對孩子不打、不罵、不呵斥、不指責。
- 用關注的眼神看着孩子，耐心地聽孩子把話講完。
- 幫助孩子分析遇到的事情，明辨是非，講清楚道理。
- 讓孩子參與家庭管理。詢問他們對家庭事務的看法。接受他們有益的建議。讓孩子覺得自己在家裡有地位，有價值，受父母的重視。
- 在適當的時候，對年齡稍大的孩子說："我們是父子 / 母子，我們也是朋友。我們有養育你的責任和義務。你也有責任和義務幫助我們和我們的家。我們也有不足的地方。你可以隨時指出來。只要有道理，我們可以接受。我們互相幫助，共同成長。"
- 年齡稍大的孩子需要幫助時，告訴他我們的看法和建議，讓他自己去分析，自己決策，自己承擔後果。
- 適當地與孩子分享自己的驚喜和對問題的看法。

✔ 堅定：孩子需要理性和權威感

當孩子央求再多玩一會兒遊戲，再多看一會兒電視，再多玩兒一會兒才上床睡覺，我們怎麼應對？

當孩子用各種各樣的小技倆和我們討價還價，他們發脾氣、撒嬌、打滾、軟磨硬泡、讓我們遷就他們，我們怎麼應對？

此刻，有的父母順從了孩子，有的父母理性地堅持自己的要求。在日常生活中發生的許多細節中，孩子在考驗父母的立場和態度。尤其是在養成好行為習慣的時候，父母的表現直接影響教導孩子是否有效果。

父母此時理性的態度是在教孩子看問題的思維方法，教孩子一種辨別是非、遇事不慌、從容果斷的應對能力。

孩子會自然地模仿父母堅定不移的信念，對待事情的穩定心態，來建立起自己為人處事的原則、理性和權威感。他們不卑不亢，有主見，有原則，對事情有掌控感，人際關係良好。

父母的堅定態度示範給孩子看，做人要説到做到，要有原則性，做事意志堅定，具有不可動搖的權威感。

父母要做到：

- 說到做到，避免說一套做一套。
- 對孩子說"不"時，不動搖，不妥協，堅持到底。
- 不怕孩子的行為出現反復，始終如一、耐心地堅持正確的引導。
- 制定必要的家庭守則和規矩，不僅我們明確，而且也讓孩子懂得一些原則是不可以討價還價的，避免朝令夕改。
- 具體地應對一個問題時，用"選擇法"讓孩子選擇你的底線，不給孩子央求的餘地。（參考本書 140-159 頁 10 個與孩子交流的法則）
- 面對孩子的小技倆，保持冷靜，沉着地應對。我們發火時，就不會理智地用好教導方法和技能。
- 讓孩子看到你從容而堅定地處理生活或工作上出現的問題。
- 教孩子學會互利雙贏的人際交往技能。

堅強：孩子需要勇敢的榜樣

任何人都不能避免生活中的困難，不能避免生命中出現不可預料的災難。讓孩子從小擁有一顆堅強的心是我們給孩子最牢固的屏障。我們教導孩子不怕打擊、不怕挫折、不怕失敗，跌倒了再爬起來，鼓起勇氣戰勝困難，永不言敗的精神。

父母要做到：

- 通過自己的言行讓孩子看到我們如何面對病痛、面對困難。
- 幫助孩子認識自己的優缺點。
- 幫助孩子樹立自信心——"我不比別人差"、"我能行"。對孩子溺愛和控制很難讓孩子建立自信心。
- 鼓勵孩子克服學習上的難題。
- 在家裡給孩子足夠的機會讓他表現自己。從小讓他參與家庭事務，讓他盡家庭成員的責任，為家人做力所能及的事情。
- 給孩子足夠的機會讓他在學校和社會團體中表現自己。
- 平時和孩子就一些問題爭論，有意挑戰他的觀點，鍛煉他接受挑戰的技能。
- 孩子受到打擊時，不大驚小怪，不袒護。孩子失敗時，不嘲諷、不指責。
- 孩子生病時，心裡再着急，也要冷靜從容地面對。
- 把身邊發生的堅強的故事講給孩子聽。

附：父母養育辭典中的關鍵字

父母養育辭典中的 正向關鍵字		父母養育辭典中的 負面關鍵字	
愛	提醒	強加	哄騙
尊重	耐心	嘮叨	吵鬧
關愛	理智	指責	情緒化
關心	冷靜	呵斥	消極
理解	肯定	命令	簡單粗暴
體諒	解決問題	恐嚇	懷疑人
了解	傳授技能	責問	否定人
自尊	事實	單純地批評	體罰
平等	後果	打擊	收買
公平	正面要求	抱怨	賄賂
信任	講道理	奚落	溺愛
欣賞	解釋	發牢騷	逼迫
分享	具體	發洩不滿	威脅
情感	清晰	侮辱	説教
感受	明確	控制	傷害
美好	選擇	操縱	諷刺
熱情	態度堅定	縱容	嘲弄
激情	堅持	放任	恥笑
規矩	決絕	替代	回避
守則	引導思考	包辦	
嚴厲	有效表達		
讚美	正面強化		
激勵	建議		
引導	參與		
支持	嘗試改變		
積極	彌補過錯		
溝通	道歉		
交談	放手		

二、我需要更新養育理念和教導方式嗎？

1	我把孩子當成自家的，而不是社會的一個個體。	是	否
2	我不完全知道不同年齡段的孩子有什麼心理需要。	是	否
3	我沒有想過家庭價值觀的教育是怎麼回事。	是	否
4	我認為孩子年齡小，不能夠負什麼責任。	是	否
5	我總是照料孩子的一切，因為我不放心，怕他做不好。	是	否
6	我沒有每天花點時間和孩子一起玩、一起讀書，或者聊天。	是	否
7	我總是不敲門就進孩子的房間，有時嚇了他一跳。	是	否
8	孩子不聽話時，我對他大喊大叫，用高聲調壓服他。	是	否
9	我不知道怎麼跟孩子交談發生的問題，所以總是回避。	是	否
10	我認為照顧孩子是我做的犧牲。	是	否
11	我偷看過孩子的日記，我不經孩子的准許翻動他的物品。	是	否
12	我對孩子說得最多的一句話就是："你的作業寫完了嗎？"	是	否
13	我怕孩子對我反叛，就努力和他搞好關係，去迎合他。	是	否
14	我不敢嚴格要求孩子遵守規矩，我擔心他會生氣。	是	否
15	我總是無原則地滿足孩子的要求，我怕他受委屈。	是	否
16	我認為孩子的任務就是把學習搞好，將來有好工作。	是	否
17	我認為孩子長大了就自然會幹家務了。	是	否
18	我認為孩子小，功課又多，哪能還讓他幹家務？	是	否
19	孩子不願意和我交流，總是回避我的問題。	是	否
20	孩子到了青春期的年齡，很叛逆，我真不知道如何面對他。	是	否
21	我對孩子付出太多了，他反而抱怨我、怨恨我。	是	否
22	爸爸就是要讓孩子害怕才有威嚴。	是	否

23	我相信棍棒下出孝子，不打不成才。	是	否
24	我的孩子愛對我發脾氣，對外人倒是很好說話。	是	否
25	我的孩子懶散、拖拉、馬虎。	是	否
26	我孩子瞧不起我，總是頂撞我。	是	否
27	孩子出了問題是他自己不行，不是我的錯。	是	否
28	我的孩子沒主見，對什麼都無所謂。	是	否
29	照顧好孩子的吃喝，別生病、受苦就是愛孩子了。	是	否
30	孩子是自然放養的，不用刻意去管教他。	是	否

如果你選擇了任何一個"是"，那麼是更新你的觀念，用科學的方法教育孩子的時候了。

3、孩子的行為問題，跟我有關？

孩子的不良行為	可能因為我們
自我中心、自私自利，不懂得付出，只在乎索取。	過分地溺愛，無原則地給予。沒有教他關愛身邊的人和同情弱者。
不懂道理，不明是非。	獨斷、專制，沒有耐心教孩子道理。
膽小怕事，退縮、逃避。	指責、訓斥、辱罵得太多。
愛動手打架，有暴力行為。	打壓、限制得太多，常用暴力制服他。
自卑，自暴自棄。	總是貶低他，不接納、不認可他。
沒有上進心，做事不努力。	替代他太多，讓他依賴太多。也許，過度滿足他。也許，對他要求太高，他達不到。
對我不尊敬，常常要脅我。	沒立規矩，沒嚴格管教，沒有樹立威信。也許，家人之間惡語相加，互不尊重。
做事能力差，愛找藉口，見難就退。	沒給他機會訓練意志力。
愛抱怨，愛找麻煩。	總是不停地嘮叨他、挑剔他。
不願意和我說心裡話。	總是搶在他前面說話，沒有耐心領聽。
懶惰、怕苦、怕累。	代替他做得太多。
自大、目中無人、霸氣十足。	過分地讚揚、縱容、遷就他。
愛說謊，口是心非。	缺乏寬容，常常用懲罰打壓他。
沒有主見，推諉責任。	替他決定得太多，沒讓他自己擔當過後果。
嫉妒、心胸狹窄。	沒讓他感受到足夠的愛和溫暖。
虛榮、愛顯擺。	沒教他真誠和謙遜的品質。
脾氣暴躁，歇斯底里。	急躁、情緒不穩定。

4、我的素質需要提高嗎?

家庭是一個社會的小團體。家庭成員共同努力完善自己,共同成長,構建優秀的品格,使親情的紐帶更加牢固。

使用建議:

1)家庭成員可自己評估當前的狀態,依照程度選擇 1-10 的數字。

2)全家一起討論每個人的狀態,對進步者給予肯定和鼓勵,對於差距,則可分析原因,並鼓勵對方往更高的目標努力。孩子年齡小,可由父母用提問的方法引導孩子檢查自己。為了培養孩子的領導力,可讓少年的孩子組織開家庭小會。

3)開始時,最好建立一個目標數位作為激勵目標。

4)當家庭成員之間發生矛盾和衝突時,可用自查的內容作為溝通交流時的基本資料,指出哪一方面出了問題,然後改正。

5)使用時間的長短根據每個家庭成員品格的養成階段和狀態靈活地運用。

尊重：

我以自己為中心，固執，不考慮他人的想法。

1 — 2 — 3 — 4 — 5 — 6 — 7 — 8 — 9 — 10

我客觀地看待每一件事情，不強加我的意願。

責任：

我不守時，故意推卸或怨視該做的事情，抱怨他人。

1 — 2 — 3 — 4 — 5 — 6 — 7 — 8 — 9 — 10

我守時，認真做每一件事情，不推卸責任。

誠實：

我說謊，扭曲了事實的真相。

1 — 2 — 3 — 4 — 5 — 6 — 7 — 8 — 9 — 10

我講真話，想法真實，活得真實。

寬容：

我怨恨、生氣、暴躁，說閒話。

1 — 2 — 3 — 4 — 5 — 6 — 7 — 8 — 9 — 10

我控制自己的情緒，當被人傷害，我先理解並找出辦法解決問題。

助人：

我自私，懶惰，不願意付出。

1 — 2 — 3 — 4 — 5 — 6 — 7 — 8 — 9 — 10

我看到該做的事情主動去做。我幫助需要幫助的人。

耐心：

我發火，發脾氣，容不得他人"慢"。

1 — 2 — 3 — 4 — 5 — 6 — 7 — 8 — 9 — 10

我明白，他人在學習做事，我微笑着，耐心地等待。

優雅：

我粗野，沒禮貌，大聲講話，摔東西，打人。

1 — 2 — 3 — 4 — 5 — 6 — 7 — 8 — 9 — 10

我輕聲地對他人講話。我不動手打人。我不破壞東西。

堅持：

我遇到困難退縮，做事有頭無尾。

1 — 2 — 3 — 4 — 5 — 6 — 7 — 8 — 9 — 10

我堅持做好每一件事，決不放棄。

5、我有這些不良行為或習慣嗎？

一、個人衛生習慣：

☐ 用手指挖鼻孔

☐ 吃飯狼吞虎嚥

☐ 吃飯時嘴裡發出聲響

☐ 不勤洗澡

☐ 不愛刷牙

☐ 飯前便後不洗手

☐ 身體頭髮有異味

☐ 打斷他人講話

☐ 搶話

☐ 說話時眼睛不看對方

☐ 咬指甲

☐ 打噴嚏、擤鼻涕聲音太大，不捂住口鼻

☐ 用粗口罵人

☐ 小偷小摸佔便宜

☐ 酗酒

二、於公共場合的行為或習慣：

☐ 大聲喧嘩

☐ 不顧及他人抽煙

☐ 嚼口香糖

☐ 隨手亂扔垃圾

- □ 抓癢
- □ 隨地吐痰
- □ 邊走邊吃東西
- □ 不排隊
- □ 與陌生人身體距離太近
- □ 用手機與人通話時聲音太大
- □ 手機鈴聲太大
- □ 赤裸上身
- □ 隨地大小便
- □ 過馬路不等交通燈

四、50 個養育情景，我怎麼說？

積極、正面的語言是父母教導孩子學習人際交流技能的良好工具。使用積極正面的語言，體現了父母對孩子的尊重和理解，向孩子傳達父母的建議、鼓勵、引導，以便有效地溝通和交流，最終達到解決問題的目的。

父母想要改變孩子的行為，首先要給孩子做榜樣，改變自己的說話方式，對孩子說正面的話。這對塑造孩子健康的人格有深刻的影響。

積極、正面的語言告訴孩子能做什麼，建議可替代選擇的方法，強調正面的、可以預料的行動和後果，讓孩子感覺到父母理解他，願意幫助他。因此，對孩子的心理影響是積極向上的，孩子容易接受正面語言的教導。

消極、負面的語言告訴孩子不能做什麼，它常常帶有令人反感的責備、命令、控制、呵斥、貶斥、說教的語氣。它沒有強調正面的行為，對孩子的心理影響是消極向下的。消極負面的語言會傷害孩子的自尊，所以孩子會抵觸父母的教導，導致教導無效果。

積極正面的語言使父母：

- 避免責怪、羞辱和審判孩子。
- 避免與孩子進行 "權力鬥爭"。
- 避免傷害孩子的自尊。
- 達到有效地教育孩子的目的。
- 信任孩子的能力和動機。

積極正面的語言使孩子：

- 建立自我意識。
- 建立自尊。
- 內化正面的教導。
- 提升良好行為。
- 避免不良行為，如打人、咬人、耍脾氣、扔東西、耍賴、說謊等等。
- 學習正面交談的技能。
- 學習自我控制情緒和獨立做決定。

如果我們經常向孩子大聲喊叫，靠聲音大來引起孩子的注意，這並沒有喚起他內心的共鳴；如果我們經常奚落、貶低或羞辱孩子，那是我們正在傷害他的自尊心；如果我們經常反復地嘮叨同一個問題，那我們的教育已經失效了。

在消極、負面的語言中成長的孩子，往往心理不健全，自卑、無能、膽小怕事，有的則有破壞性和攻擊性的心理。這樣的孩子通常需要一生的時間去治療心理陰暗的疤痕。負面的心理創傷，往往會演變成青春期的孩子或者成年人不負責任的藉口。他們的人生之路越走越窄，越走越艱難。這是我們每一個父母都不希望看到的結果。

那麼，從今天做起，改變我們對孩子的說話方式！演練如何對孩子"我這樣說"！

情景 1　當孩子不整理房間

✔ **我這樣說：**"媽媽希望看到你的房間乾淨整潔。待在整潔的房間裡，你會感到很舒服的。我相信你，會養成經常整理的好習慣。你想現在做，還是吃完晚飯做？"
— 傳達期望和信任、選擇式的督促

✘ **我不那樣說：**"你的房間真亂。怎麼還沒有整理呢？趕快打掃吧。"
— 不滿意、責問式的催促

孩子的心聲：

爸爸媽媽，也許我還不知道什麼是乾淨整潔呢。你讓我和你們一起打掃，或者一起整理玩具，我會意識到，這是我像媽媽一樣可以做的事情。這樣堅持做下去，我就有了好習慣了。當然，我有時也需要督促或鼓勵一下啊。當你們對我"這樣說"，我明白了你們對我的期望和信任。

Tips

在家庭守則中，訂立整理自己房間的規矩。堅持正面地督促和提醒，直到養成習慣為止。選擇式的督促，讓孩子沒有推脫的餘地。

情景 2　當孩子不愛刷牙

✔️ **我這樣說：**"刷牙後嘴裡真清爽。不刷牙長蛀蟲會難受。你嘴裡有味，別人就會遠離你。你願意這樣嗎？"

— 說明事實和結果，反問式的教導

✔️ **我還這樣說：**"看看吃早飯前，還有什麼事沒做呢？"

— 提醒式的督促

❌ **我不那樣說：**"還不趕快刷牙去！都晚了。你就是不愛刷牙？！"

— 呵斥、抱怨式的催促

🖤 孩子的心聲：

爸爸媽媽，我還沒有養成習慣呢。也許我看到你們邊刷牙邊哼着小曲，很興奮的樣子，我怎麼能錯過呢？我也想參與這個遊戲呀！當你們對我"這樣說"，我會自願地去刷牙了。

Tips

讓每天必須做的事情形成習慣，首先讓孩子感到做這個事情很有樂趣。把"刷牙"的字帖，貼在衛生間，必要時指一指，來提醒一下就行了。孩子更容易接受正面的提醒。

情景 3　當孩子飯前不洗手

✔ **我這樣說：**"孩子，請你洗完手和我們一起吃飯。我們在等着你。"

— 正面的要求

✔ **我還這樣說：**"孩子，吃飯前要做什麼事啊？"

— 正面的提醒

✘ **我不那樣說：**"不洗手別吃飯！趕快去洗！"

— 命令式的催促

✘ **我不那樣說：**"趕快洗手吃飯，有好多好吃的！快來呀，不來吃就沒了。"

— 誘惑式的催促

孩子的心聲：

爸爸媽媽，幼小的我不懂衛生的道理，當你們給我講細菌傳播的故事，必須把細菌洗掉，我容易接受指導，我還覺得洗手玩泡沫很有趣呢。當你們對我"這樣說"，我願意去做。

Tips

開始訓練時，把洗手變成有趣的遊戲。接下來，就需要父母耐心的提醒了。看到孩子主動洗手，可適當地表揚。命令會讓孩子心裡不舒服、容易產生抵抗心理。反復的誘惑不能每次都吸引孩子，教導無效。

情景 4　當孩子不主動洗澡

✔ **我這樣說：** "睡覺時間快到了，還有什麼必須要做的事沒做呢？我們的規矩是什麼？"

— 溫和善意的提醒

✘ **我不那樣說：** "你怎麼還不快去洗澡，該睡覺了。"

— 指責式的催促

❤ 孩子的心聲：

爸爸媽媽，當我看到你們每天先去洗澡，然後上床睡覺，我自然會明白，這也是我要做的事。請耐心地提醒我，直到不用你們提醒了。當你們對我"這樣說"，提醒我很有效，我自己有主動權，比你們直接說出來好。

Tips

善意的提醒能**啟發孩子的主動性**。孩子需要我們的尊重和耐心。指責式的催促讓孩子感到內疚、無能，因此產生消極負面的心理，孩子難於接受，導致教導失效。

65

情景 5　當孩子不愛上床睡覺

✔ **我這樣說：** "還有十分鐘就到睡覺時間了，先洗漱還是先讀個故事？"

— 給出事實、選擇式的督促

✘ **我不那樣說：** "還不回你的房間睡覺去！這麼晚了，別玩了！趕快！我都說了幾遍了！"

— 嘮叨、命令式的催促

孩子的心聲：

爸爸媽媽，我不睏就不想睡覺。也許我想看電視，也許想做有趣的事。我還不知道時間是怎麼回事呢。只要你們規定睡覺時間，讓我遵守它，也就把我身體的生理時鐘定好了，我會逐漸養成按時睡覺的習慣。當你們對我"這樣說"，我會選擇我喜歡的來做，然後順理成章地去睡覺。不過，我生病的時候可能還是有點例外呀。

Tips

在日常生活守則裡**規定就寢時間**。家裡的大人先做睡前準備：刷牙，洗澡，調低燈光，回自己的房間。孩子每天看到大人的舉動，會模仿而逐漸形成自然的習慣。這樣父母也就能避免每天晚上嘮叨式的督促。

情景 6　當孩子邊吃飯邊玩

✔ **我這樣說**："吃飯要坐在飯桌前。我們先吃完了飯，再玩玩具吧。讓我看看，孩子又會吃好飯，又會玩得好。"

— 灌輸規矩、鼓勵式的教導

✘ **我不那樣說**："好好吃飯，別玩了。不許亂跑，吃飯像吃飯的樣子，坐下，快吃。"

— 嘮叨、說教式的催促

♥ 孩子的心聲：

爸爸媽媽，也許我的年齡小，注意力時間很短，也許我以為吃飯和玩是一回事，也許我還不餓呢，也許你們還沒教我吃飯的規矩呢。當你們對我"這樣說"，我便懂得吃飯就是吃飯，玩就是玩。

Tips

孩子在開始學吃飯時，就要養成坐在桌子前吃飯的規矩。把玩具拿開，嚴格區分吃飯和玩耍。別在意孩子把飯弄得到處都是，訓練獨自吃飯更重要。父母要避免追着孩子餵飯。

情景 7 當孩子看太多電視

✔ **我這樣說：**"現在關電視的時間到了。我來關，還是你自己關？"
— 告訴事實、選擇式的督促

✘ **我不那樣說：**"把電視關上！說了多少遍了，你還不關。看多了對眼睛不好。"
— 命令、指責、嘮叨

💗 孩子的心聲：

爸爸媽媽，電視節目很有趣，我喜歡看電視，正看到興頭上，不願意停啊，當然需要你們的提醒了。當你們對我"這樣說"，我多半會選擇自己關。誰願意被他人控制呢。

Tips

在日常生活守則中，規定看電視、玩電腦、上網的時間。管住我們的手，用選擇的方法促使孩子自己動手關電視。

情景 8　當孩子不聽話

✔️ **我這樣說**："你覺得我說的有沒有道理？請你好好想想吧。"

—— 講道理、引發思考

❌ **我不那樣說**："再不聽話，我真的生氣了。"

—— 嚇唬、威脅的語氣

❌ **我不那樣說**："好好聽話。我給你拿糖去。要不我明天給你買個新玩具。"

—— 賄賂

💗 **孩子的心聲：**

爸爸媽媽，有時我不明白你為什麼管我，我聽不進去你們的話；有時你們嚇唬我，我心裡好不舒服，我就抵觸你們；有時我要顯示一下我與你們不同，我就不服從你們；有時我想證明一下我在長大，我就反抗一下。要是你們理解我，耐心地讓我想清楚，讓我說清楚，讓我和你們對話、和你們爭論，我就不會顯得那麼不聽話了。當你們對我 "這樣說"，你們激發我主動地想問題，明白道理。

Tips

孩子不聽話是正常的行為，要看他沒有聽什麼話。在家庭守則中，規定出哪些是孩子必須要聽的話。孩子不聽話時，正是檢查自己教導方法的時候，也是教他怎樣和別人交談和爭論的良機。

情景 9　當孩子做事磨蹭

✔ 我這樣說："我們還有五分鐘就要走了，你現在穿好衣服，還是把衣服拿着？你要帶什麼包？"

— 說出事實、選擇式催促

✘ 我不那樣說："你還在那兒磨蹭？！我們要晚了！趕快吧！你聽見了沒有？"

— 抱怨、指責式的催促

💗 孩子的心聲：

爸爸媽媽，我沒有意識到我在磨蹭，特別是在玩我喜歡的玩具時，我沒有時間概念啊。如果你們對我"這樣說"，我會順着你們的督促做選擇。

Tips

孩子容易接受選擇和提醒的正面誘導方法。我們不願意聽別人埋怨，孩子也不願意聽。

情景 10　當孩子做作業馬虎

✔ **我這樣說：**"孩子，我們想出來幾招，看看怎麼做才能不出錯呢？媽媽相信，你可以做得到少出錯、不出錯的。"

— 激發思考、表達信任和鼓勵

✘ **我不那樣說：** "做作業要認真嘛。告訴你多少遍了。你真笨！總是做錯。"

— 說教、貶低

孩子的心聲：

爸爸媽媽，有時我真不會做，有時我想寫完就算了，有時我邊寫邊想着玩的事。我正在學習做好作業，我需要一點時間去改變馬虎的習慣。當你們對我"這樣說"，相信我，我願意聽，我會接受。

Tips

做功課是孩子學習做事情嚴謹，不出錯的過程。我們要給予孩子時間和耐性，先細心觀察找出原因，再有針對性地幫助。孩子對某一門課沒有興趣，可以找個好老師來激發他愛上這門課。

情景 11　當孩子一邊做作業一邊玩

✔ **我這樣說：** "我相信，你完全可以專心寫作業。記住：把重要的事做完了，玩得更開心！今天我們就試試！你會有很多時間玩。"
— 表達信任、強化負責任行為、指出積極的後果

✘ **我不那樣說：** "喂，你別以為可以邊寫邊玩，我在這邊兒看着你呢！趕快寫吧！"
— 不信任、打壓式的監管

💔 **孩子的心聲：**

爸爸媽媽，也許我還沒有養成全心專注做事的習慣呢，我在學習把玩耍和做事分開。你們信任我，就給我信心集中精力做事。你們對我"這樣說"，我容易接受。

Tips

幫助孩子養成專注的習慣，首先要**相信他能夠做到**。然後和他估計要用的時間，設定鬧鐘訓練，讓他體驗做事的效率。最後，讓他嚐到有效做事的甜頭，他便有更多時間做其他喜歡做的事。
幫助孩子盡早學會認識時間，避免我們替他看時間，掌管他的時間。孩子有意識地自己看時間，才能學會管理自己的時間。

情景 12　當孩子沒完成作業

✔️ **我這樣說**："還沒寫完，是吧？我們一起看看沒寫完的原因，好嗎？是太難了嗎？還是上課沒注意聽講？不會做的題目，明天問問老師吧。"

—— 表達關注、了解原因

✘ **我不那樣說**："作業做完了嗎？你什麼時候能不偷懶了！快寫完吧，我在等着給你簽字呢。"

—— 貶低、訓斥式催促

孩子的心聲：

爸爸媽媽，我正在學習每天完成新的任務。也許我還沒有掌握寫好作業的技巧；也許作業真的很難；也許我真的覺得這功課沒意思；也許我上課真的走神了。不管怎樣，請別那樣訓斥我。如果你們對我"這樣說"，我感受到了你們的關心、理解和引導，我也會找原因的。

Tips

經常性地嘮叨一句"作業做完了嗎了？"，並沒有督促的效果。我們要幫助孩子找到真正的原因，對症解決。讓孩子養成一個新的習慣需要耐性和時間。

情景 13 當孩子沒有時間概念

✔ **我這樣說**："孩子，試試用鬧鐘定個時間，和時間賽跑。媽媽期待你能跑贏時間。"

— 提出具體方法、說明後果、表達期待

✘ **我不那樣說**："我告訴你，時間很重要，時間就是金錢。要抓緊時間啊。"

— 說教式的催促

孩子的心聲：

爸爸媽媽，我小時候玩樂很多。現在我要學習認真做事了，我還沒有時間的意識呢。當你們對我 "這樣說"，是幫我在找方法，我懂得使用時間了，做事也就快了。

Tips

幫助孩子學會利用時間越早開始越好，可以讓他從學習管理自己的事情開始。利用鬧鐘和沙漏都很有效。

情景 14　當孩子開着電視做作業

✓ **我這樣說：** "開着電視做作業，違反了我們家的規矩。寫完作業後，再輕鬆地看，是不是更好啊？"

— 堅定地強化規矩、溫和的建議

✗ **我不那樣說：** "趕快把電視關了。我告訴過你，不能開着電視做作業。"

— 命令、強制性催促

孩子的心聲：

爸爸媽媽，電視節目太吸引我了，我想同時做兩件事。當你們對我"這樣說"，提醒我不要破壞規矩，讓我把做作業和看電視兩件事分開，我會學習約束自己。

Tips

培養孩子的專注力，要靠一些具體的規矩來約束。口頭的督促再強硬，也只能起到暫時的作用。和孩子一起制定一些**日常生活守則**非常必要。

情景 15　當孩子要買不合適的東西

✔ **我這樣說：** "我不會給你買。請你記住這個道理：誰都不能想買什麼就買什麼。"

—— 說明道理、堅定、正面的拒絕

✘ **我不那樣說：** "你這孩子怎麼見什麼買什麼？今天就是不給你買！"

—— 指責式拒絕

💜 **孩子的心聲：**

爸爸媽媽，從我記事起，你們已經給我買過太多的東西了。那時候我沒說要，你們都給我買，現在我想要了，你們就應該買。當你對我"這樣說"，我明白了原來不是要什麼就能得到什麼的。我記住了。

Tips

孩子要東西的時候是教孩子道理的好時機。讓孩子知道哪些是必需品，哪些不是。教孩子如何挑選物品。

情景 16　當孩子打斷別人說話

✓ **我這樣說：**"孩子，你有重要的事要說嗎？如果沒有，請讓我把話說完好嗎？記住：隨便打斷別人違反了我們的家規。"

— 尊重的態度、正面強化規矩

✗ **我不那樣說：**"我在說話呢，你別打斷我好不好？真沒禮貌！"

— 情緒化的阻止、指責

💗 **孩子的心聲：**

爸爸媽媽，有時我急着和你們說話。當你們對我 "這樣說"，我知道你們在訓練我守規矩。

Tips

在家庭守則中，明確規定不能隨便打斷別人、打擾別人。在緊急情況或發生危險時才可以打斷別人。

情景 17　當孩子發牢騷

✔ **我這樣說：** "發牢騷不是好習慣，你看這樣說，是不是聽起來很好？'媽媽，明天早餐吃牛奶麵包嗎'。下次怎麼和媽媽說呀？"

— 引發思考、教導表達自己的意願

✘ **我不那樣說：** "怎麼，你不愛吃粥？我做得很香啊。別囉嗦了！不吃也得吃。"

— 指責式逼迫

💗 孩子的心聲：

爸爸媽媽，也許我聽過你們經常發牢騷；也許我還不會說自己的想法；也許我怕你們教訓我，不敢說出要吃別的早餐。當你們對我 "這樣說"，你們在教我練習直截了當地說出自己真正的想法。

Tips

首先檢查自己是否經常發牢騷。教導孩子用正面積極的方式表達自己的想法。

情景 18　當孩子霸道

✓ **我這樣說：** "沒有人喜歡霸道的人。你想想，那個被欺負的小朋友，他的感覺如何？（給孩子時間回答……）如果你被欺負，你有什麼感覺？記住：欺負人是不能接受的。想想看，你怎樣做才友好？"

— 運用同理心、正面引發思考

✗ **我不那樣說：** "你怎麼又是這樣霸道！ 這樣欺負人可不行啊。我不願意小朋友的家長向我告狀。"

— 指責、說教

❤ **孩子的心聲：**

爸爸媽媽，也許你們平時在家慣縱我，也許你們獨斷地壓制我，也許你們對我打罵、體罰，我會變得霸道、愛欺負人。也許我模仿了別的小朋友。當你對我"這樣說"，我知道了欺負人是不可以的。

Tips

要尊重孩子，改變溺愛或獨斷的教育方式。讓孩子懂得：你不願意別人對你霸道，你就不要對別人霸道。霸道是不可接受的行為。

情景 19　當孩子耍賴

✔️ **我這樣說**："耍賴是令別人討厭的，又達不到你的目的。請你想想，怎樣說讓我明白你的意思，又能解決你的問題？試試吧，說出幾個來。第一、……第二、……（給孩子時間回答，或一起探討得出答案）"

— 說明道理、引發思考、嘗試改變

❌ **我不那樣說**："嘿，你又開始哭鬧、耍賴了。不能好好說嗎？怎麼回事，快說！"

— 不耐煩的訓斥

❤️ 孩子的心聲：

爸爸媽媽，也許我故意耍賴讓你們注意我，或者要我想要的東西，也許我還沒有學會怎麼說能達到我的目的。當你們對我 "這樣說"，我就沒有機會試探你們的反應了。你們在教我和別人相處的技能。

Tips

冷靜地告訴孩子耍賴不管用。等孩子冷靜下來後，引導他找出具體的方法表達自己的想法，和別人溝通。

情景 20　當孩子的蠟筆掉在地上

 **我這樣說：** "掉在地上的蠟筆會被踩壞的。請你馬上撿起來。"

— 說出事實和後果、提出正面要求

我不那樣說： "喂，蠟筆掉到地上了，你怎麼不撿起來？你看不見嗎？"

— 抱怨、指責

孩子的心聲：

爸爸媽媽，不管是我沒有注意到，還是我故意沒撿起來，都不那麼重要。當你們對我 "這樣說"，我明白了踩壞的後果，我會撿起來的。

Tips

抱怨和指責是最無效的溝通方式。

情景 21　當孩子亂放電視遙控器

✔ **我這樣說：**"如果你把遙控器放在茶几上，我就不用到處找了，也就不會錯過節目了。 記住我們的規矩：物歸原處啊。"

— 說明事實和後果、提醒守規矩

✘ **我不那樣說：**"我又找不到遙控器了，你整天亂放，你放哪兒去了？"

— 抱怨、責問

孩子的心聲：

爸爸媽媽，多提醒我幾次，我會漸漸地養成物歸原處的習慣。

Tips

在家庭守則中，訂立**物歸原處**的規矩。然後，父母的任務就是適當地提醒，使他養成習慣。

情景 22　當孩子挑食

✔ **我這樣說：** "孩子，你說說，怎樣做才好吃，要麼我們一起試做一下？"

— 嘗試改變、建議參與

✘ **我不那樣說：** "你又挑食了。我做什麼吃什麼！要不，你來做飯吧！你又做不了。"

— 抱怨、挑釁

✘ **我不那樣說：** "你不愛吃，我給你重新做別的吃。"

— 無原則的妥協、溺愛

孩子的心聲：

爸爸媽媽，我可能不是天生的挑食者，也許我看到你們特別鍾愛一種食物；也許我就是不喜歡某種味道。當你們對我 "這樣說"，也許可激起我對食物的興趣，倒是願意嘗試一下呢。

Tips

孩子偶爾挑食一次，不必在意。對習慣性的挑食要找出原因。有時父母獨斷或者不公正對待孩子，他會用挑食的方式來抵觸。孩子生病、胃口不好時也可能挑食。實在不能接受某種特殊味道時，不必勉強。有的孩子在某一階段拒絕吃某種事物。避免在孩子面前表示出你特別討厭某種食物。

情景 23 當孩子違反了家規

✔ **我這樣說**："我不知道你去哪兒了。你知道媽媽的感受嗎？我非常擔心。你沒告訴我，又回來這麼晚，違反了家庭守則。下次怎麼辦呢？"

— 運用同理心、正面強化規矩

✘ **我不那樣說**："你為什麼出去玩也不告訴我一聲？這樣不行啊。下次不能這樣了。"

— 責問、說教式的阻止

💗 **孩子的心聲：**

爸爸媽媽，如果我意識到你們擔心我了，那真是我錯了。你們對我"這樣說"，我明白我讓你們擔心是不對的。下次我會告訴你們。

Tips

有時孩子明明知道這個規矩，但是他想試探一下越過底線時父母的反應。此時，是約束他行為的好時機，讓孩子知道父母當時的感受，教孩子為別人着想，幫助他遵守承諾。

情景 24　當孩子頂嘴

✔️ **我這樣說：**"你和我頂嘴，我不能接受。如果我這樣反過來對你，你有什麼感覺呢？這樣粗魯地違背我們的家規。請你向我道歉。來試試換一種口氣和我說話。"

— 態度堅定、考慮對方感覺、強化規矩、道歉、引導

❌ **我不那樣說：**"你敢和我頂嘴？別忘了，我是你爸。我打你！"

— 譴責、恐嚇

孩子的心聲：

爸爸媽媽，我頂嘴，可能是對你們生氣，對一件事情生氣，也可能是我想試試長大的感覺，要不就是向你們挑戰一下你們的耐心。當你們對我"這樣說"，我願學習禮貌地說話。

Tips

檢查自己說話的態度是否影響了孩子，還是因為太溺愛，導致孩子不尊重自己，或者孩子從同伴那裡學到不良行為。在家庭守則中制定規矩：准許家人發表不同意見，父母對孩子不能無禮，孩子也不能對父母無禮。規定"事不過三"的原則和違反的後果。養成互相尊重的談論問題的方式和習慣。第一次出現不良行為，一定要認真對待，要求孩子用實際行動道歉。

情景 25　當孩子懶惰

✔ **我這樣說：**"很無聊，是吧。我們做點什麼呢？在家裡，還是到外面呢？你說幹什麼好呢？"
— 理解、調動積極性

✘ **我不那樣說：**"你真是個懶骨頭。你為什麼不想動呢？懶散不好。"
— 輕蔑的指責、說教

孩子的心聲：

爸爸媽媽，我並不是天生的懶骨頭。也許你們替我做了許多我能做的事，這就使我變得懶散，沒有動力。當你們對我"這樣說"，帶動我去做事，我會漸漸變得勤快。

Tips

對身體正常的孩子，盡量釋放其好動的天性，鼓勵他參加各類室內外活動。盡早讓孩子在家裡做一些力所能及的事情，培養孩子勤奮的習慣。

情景 26　當孩子顯擺炫耀

✔ **我這樣說：**"我很高興，你為你爸爸的工作感到自豪，他的確很能幹。但是請你記住：世界上沒有誰比誰更重要。我們每個人都很重要。"

— 正面肯定、說明道理

✘ **我不那樣說：**"你不能炫耀你爸爸有權利，這會讓人嫉妒，招災惹禍呀！"

— 說教、嚇唬

孩子的心聲：

爸爸媽媽，我為爸爸感到自豪，他真能幹。當你們對我"這樣說"，我明白了每個人都在做着不同的重要的事，沒有必要顯擺炫耀。

Tips

讚揚孩子的自豪感。讓孩子懂得社會上每個人同樣重要。

情景 27　當孩子發脾氣

✔ **我這樣說：**"我看你很不開心，你想想做什麼才能開心起來呢？"
— 冷靜、理解、疏導情緒

✘ **我不那樣說：**"再發脾氣，打你啊。發脾氣不能解決問題。"
— 恐嚇、說教

孩子的心聲：

爸爸媽媽，我不是無緣無故發脾氣。也許我還不知道怎樣把事情講明白，也許我看到別人發脾氣，我以為那是對的，所以我學到了。當你們對我"這樣說"，我覺得你們真理解我。

Tips

父母給孩子做示範，告訴他怎樣說以適當地表達自己的情緒。當孩子冷靜下來後，用提問的方法做情緒疏導，讓孩子自己說出幾個改變情緒的方法，父母再補充。每當孩子有情緒時，適當地提醒和引導。

情景 28　當孩子無禮

✔ **我這樣說**："你對我粗魯很傷害我。你能感受到我的感覺嗎？（等待孩子回答……如果孩子說不出來，父母一定要接着把自己的感受告訴他）我非常難過。如果我這樣對你，你願意嗎？（等待孩子的否定回答）下次再不能這樣了。請你遵守家庭守則。"

— 運用同理心、體諒別人的感受、教導守規矩

✘ **我不那樣說**："你這孩子怎麼沒禮貌呢？敢對我這樣說話！"

— 指責、訓斥

孩子的心聲

爸爸媽媽，我不是天生就對你們無禮。也許我從其他人那裡模仿了無禮的態度；也許我認為無禮使我能得到我想要的東西；也許我想這樣顯示一下我要勝過你們。當你們"這樣說"，我明白了我的無禮傷害了你們，我要遵守家規，禮貌地說話。

Tips

制定家庭守則，定規矩：不能粗暴無禮。讓孩子明白，無禮的態度會傷害別人，是不能接受的。

情景 29　當孩子心情煩躁

✔️ **我這樣說：**"心情不好，怎麼調劑一下呢？想為別人做點事嗎？還是想自己聽聽音樂？媽媽怎樣能幫到你？你有什麼心事嗎？"

— 表達理解和關心、正面引導

❌ **我不那樣說：**"你一個小孩子有什麼煩的？我還沒煩呢。"

— 奚落、發洩不滿

💛 **孩子的心聲：**

爸爸媽媽，有時候，我不知道做什麼，我煩躁；有時候，我沒有朋友玩，我煩躁；有時候，我不想和你們大人玩，我煩躁；有時候，你們管得太多，我煩躁。當你們對我"這樣說"，我就想換一個心情了。

Tips

發現孩子無聊或者孤獨時，引導他向身邊相信的人說出心事，指導他找事情做來排解煩躁的心情。

情景 30　當孩子把心愛的單車丟了

✅ **我這樣說：** "你已經好好找過了嗎？好，沒關係，下次你就知道看管好自己貴重的東西了吧？"

— 詢問、表達信任和期待

❌ **我不那樣說：** "你為什麼不好好看管這麼貴的單車呢？嗯？你知道值多少錢嗎？以後還能給你買這麼貴的東西嗎？"

— 質問、訓斥

💗 **孩子的心聲：**

爸爸媽媽，你們理解嗎，我丟了心愛的東西，心裡其實很難過。遭到你們的訓斥，我就更難過了。當你們對我 "這樣說"，我感到好安慰啊，我下決心以後一定好好看管我的物品了。

Tips

孩子丟了什麼不重要，重要的是教導孩子以後照看好自己的物品。

情景 31　當孩子想買玩具但錢不夠時

✔️ **我這樣說：**"媽媽明白，你特別喜歡這個玩具。你也知道我們的規矩，每年給你買兩次新玩具。這次超過了，所以我不能給你買，你只能自己攢夠了錢再買了。這樣公平吧？"

—— 表達理解、正面引導、強化規矩

❌ **我不那樣說：**"我就是給你出一些錢，你自己的錢也不夠買。你哭鬧也不管用！"

—— 簡單的拒絕

❌ **我不那樣說：**"好吧，別鬧了，媽媽給你買。"

—— 無原則的妥協、慣縱

孩子的心聲：

爸爸媽媽，是啊，我太想得到我喜歡的東西了。當你們對我"這樣說"，儘管我當時心裡不高興，我都沒有機會跟你們耍賴要啊。

Tips

在家庭守則中，訂立有關買玩具的規矩，幫助孩子延遲滿足的慾望。讓孩子明白：為了想要得到的東西，必須要付出努力和等待。同時教導孩子理財的觀念。

情景 32　當孩子不小心摔倒了

✔️ **我這樣說：**"哇！你在地上撿到什麼了？自己起來吧。膝蓋出血了？我幫你貼膠布，還是你自己貼？（嚴重時）我們一起去醫院吧。"

—— 冷靜、幽默的反應、關心

❌ **我不那樣說：**"哇！讓我看看，傷到哪兒了？別跑那麼快呀，我都告訴你多少次了，你就是不聽話！"

—— 緊張的反應、訓斥

💗 **孩子的心聲：**

爸爸媽媽，不小心摔倒了，我心裡害怕，我在等着看看你們的反應，來決定我該怎麼辦。你緊張的語氣讓我更害怕，接下來又訓我，好像我是個"廢物"。當你們對我"這樣說"，我從意外的緊張中放鬆了，你們的關愛告訴我，沒有什麼事情是可怕的，摔跤是正常的。

Tips

在孩子發生意外時，一定要保持冷靜。

情景 33　當孩子比賽輸了

✔️ **我這樣說**："沒進名次，沒關係。任何比賽總是有贏有輸的，沒有常勝將軍。不過，你覺得是哪裡沒有做好啊？還是緊張啊？（等待孩子回答）。沒關係，下次再試！"

—— 表示理解、引導發現不足、鼓勵再嘗試

❌ **我不那樣說**："沒得前三名？前五名都沒進？你怎麼搞的？你不是已經準備得挺好的嗎？裁判偏向了誰吧？誰贏了？"

—— 失望、指責、埋怨、懷疑

孩子的心聲：

爸爸媽媽，有誰不想贏呢？我是很想贏的！當你們對我"這樣說"，我明白了，就是輸了也被你們接受，被你們理解。你們沒有給我壓力，我就有了動力再去參加比賽。

Tips

讓孩子懂得，**輸贏是常事**，輸得起、放得下的心態比贏更重要。孩子需要在錯誤和不足中學習和進步。

情景 34　當孩子比賽贏了

✔️ **我這樣說：** "孩子，你贏了，媽媽很高興！很自豪！我看到你用心努力的結果。"

—— 欣賞、分享感受、具體肯定

❌ **我不那樣說：** "拿到名次了，好啊。你可別驕傲啊。再接再厲啊！"

—— 簡單肯定、說教

❤️ 孩子的心聲：

爸爸媽媽，我贏了確實是因為我努力了。和你們分享我的喜悅，是多麼的開心！當你們對我"這樣說"，讚揚我，肯定我，這是我多麼期待的啊。我特別有自信！

Tips

盡情地與孩子分享成功的喜悅。具體地向孩子**表達讚賞**和信任。

情景 35　當孩子說謊

✔ **我這樣說**："說謊一定會被別人發現的。記住：你說謊，別人就不會信任你。說謊的人沒有朋友。你願意有這樣的後果嗎？水灑了沒事的，但是要讓別人明白真的發生了什麼事。下次注意就好了。"

— 正面引導、告訴後果、灌輸美德

✘ **我不那樣說**："這水是你搞灑的嗎？不是你，是誰？你敢和我說謊？說謊是壞習慣啊。"

— 不信任、訓斥、貶低、說教

💗 **孩子的心聲：**

爸爸媽媽，你知道嗎，我沒有講真話，是因為我怕你們笑話我，或者批評、訓斥我，或者懲罰我，或者你們反對我的真實想法，所以，有些事情發生了，我心裡在打架，說真話，還是隱瞞。如果你們對我"這樣說"，我就不害怕講真話了。

Tips

要改變孩子，先要改變自己。是不是自己對孩子出錯後的反應讓孩子不敢說真話呢？教孩子記住這個道理：說謊遲早會被發現，人們不和說謊的人做朋友。

情景 36　當孩子拿了我錢包裡的錢

✔ **我這樣說：**"孩子，我明白，你想買一個新款遊戲。但是，你違反了家庭守則，動用別人的東西要經過別人同意的。錢是我的，沒有我的同意你不能動。這次，請你向我道歉，還要用你存的錢還給我。你能保證再也沒有下次嗎？"

— 強化規矩、彌補過錯、教導承諾

✘ **我不那樣說：**"你怎麼偷我錢？天吶，我家怎麼出了個小偷啊！"

— 責問、侮辱

孩子的心聲：

爸爸媽媽，也許，我為了達到我的目的去拿別人的東西；也許，我還不知道錢的價值；也許，你們還沒告訴我對和錯，所以我拿了錢。當你們對我"這樣說"，我知道這樣做是錯了。

Tips

在家庭守則中，制定規矩：動用別人的東西要先徵求同意。從小養成尊重他人物品的好習慣。這個規矩在家裡家外都要遵守。

情景 37　當孩子忘了餵小魚

✔ **我這樣說：** "孩子，誰在等着你關照牠啊？牠肯定餓了。"

— 善意的提醒

✘ **我不那樣說：** "你老是忘了餵魚，真不負責任，今天又忘了，趕快去餵吧。"

— 抱怨式的催促

♥ 孩子的心聲：

爸爸媽媽，我愛養小寵物。我正在養成習慣，等到我能堅持的時候，我就學會負責任地做好一件事情了。當你們對我 "這樣說"，提醒我去做自己已經承諾的事情，我就願意去做了。

Tips

一旦孩子承擔了負責任的事情後，父母要做的是有耐心性地提醒和督導。

情景 38　當孩子佔小便宜

✔ **我這樣說：**"孩子，這杯子是屬於飯店的物品，你沒有權利私自拿回來。 如果你非常喜歡，可以告訴飯店的人。他不同意，你就不能拿。我們一起送回去吧。"

— 解釋道理、彌補錯誤行為

✘ **我不那樣說：**"喂！你怎麼把飯店的杯子拿到家裡來了？這叫佔小便宜，下次不能這樣了。"

— 責怪、說教

💛 **孩子的心聲：**

爸爸媽媽，當你們對我 "這樣說"，我知道我犯了錯，應該把東西還回去。我明白了隨便拿別人東西的行為是不可以接受的。

Tips

在家庭守則中訂立規矩，從小教導孩子決不能准隨便拿別人的東西，不能向別人索要東西。給孩子從小灌輸 "大便宜不貪，小便宜不佔" 的美德。

情景 **39**　當孩子用哭來達到他的目的

✔️ **我這樣說**："如果你不哭的話，我們一起看看怎麼辦。安靜下來。你想對我說什麼？（給孩子時間回答）是想再吃一個雪糕嗎？還是要出去玩？還是……？（等待孩子開口說出他的願望）。"

—— 引導用語言表達的技能

❌ **我不那樣說**："哭，哭，哭，哭有什麼用！別哭了。哭不能解決問題。"

—— 不耐煩、說教

💗 **孩子的心聲：**

爸爸媽媽，哭可是我的一個有用的武器呀。以前我使用就成功過，我要到了想要的東西。所以，我就用哭來試試你們的反應；也許，哭是我本能的表達自己的方式，我還沒有學習到底怎麼向大人說話呢。當你們對我 "這樣說"，我知道你們在耐心地教我一個新的方法。

Tips

孩子用哭鬧表達自己的意願，是父母教育孩子和他人交流的好機會。避免說教和溺愛。花時間、耐心地引導孩子學會表達自己。

情景 40　當孩子不讓別人玩玩具

✔ **我這樣說**："想一想，你先玩五分鐘，再給他玩十分鐘；還是先讓他玩五分鐘，你再玩十分鐘。還是給他另外一個玩具？"

— 正面引導、選擇式教導分享

✘ **我不那樣說**："你要學會分享啊，趕快讓他玩一會兒。"

— 說教

孩子的心聲：

爸爸媽媽，我特別喜歡我的玩具，真不想讓別人玩，我怕他弄壞了。當你們對我"這樣說"，我可能會讓他玩，也許給他玩另一個玩具。

Tips

如果這次孩子拒絕分享，父母要堅持讓孩子下次有機會再嘗試。在家裡，教導孩子為家人做點力所能及的事，和家人分擔家務，能幫助孩子養成不自私的品格。人們多樂意接受提供的選擇。

情景 41　當孩子和小朋友發生爭執

✔ **我這樣說**："孩子，請想一想，除了摔他的文具盒，還有別的方法解決嗎？告訴老師？告訴媽媽？還是你自己對他說明白？"

— 正面引導思考

✘ **我不那樣說**："你怎麼又把小朋友的文具盒摔壞了！他媽媽來找過我了。我真沒面子！"

— 指責、抱怨

💜 **孩子的心聲：**

爸爸媽媽，我不知道怎麼對付他，我就摔他的東西。當你們對我 "這樣說"，讓我自己動腦筋，找到好辦法，我以後就知道怎麼辦了。

Tips

父母應避免用簡單粗暴的行為對待孩子。引導孩子思考，提高語言的表達力和解決衝突的能力。

情景 42　當孩子打了別人

✔️ **我這樣說：** "孩子，請你想一想，你願意別人打你嗎？記住：你不願意別人打你，你就別打別人。我們看看，不打人的話，還能怎麼辦呢？"
— 運用同理心、說明道理、引發思考

❌ **我不那樣說：** "打人不文明。不能再打別人了。你聽見了沒有？"
— 說教

孩子的心聲：

爸爸媽媽，我急了會打人、推人、咬人、踢人；我想引起別人注意，我也會打人、推人。也許，你們因為我的過錯，打過了我，我就學到了。也許，別的小朋友打了我，我學到了。當你們這樣 "對我說"，我明白道理了：我不願意被別人打，我也不應該打別人。

Tips

在家庭守則中訂立規矩：不能打人。讓孩子明白道理：你不願意別人對你做的事，你不要對別人做。孩子每次打人，大人都必須制止和糾正，同時教他處理紛爭的方法。

情景 43　當孩子被別人打了

✔ **我這樣說**："和媽媽講講，他為什麼打你。（耐心地聽孩子講述過程）好了，下次要用手擋住他，保護自己，對他說，你不能打我。然後，告訴老師，讓老師管教他。記住：你不還手並不是你怕他。"
— 傾聽、分析、正面引導

✘ **我不那樣說**："告訴我，誰打你了。你為什麼不還手打他？下次，他打你，你就打他。"
— 簡單、粗暴、無禮

♥ 孩子的心聲：

爸爸媽媽，我被別人打了，心裡很委屈，我不知道還手是對還是錯。也許，我會本能地還手。當你們對我"這樣說"，我學到了有用的技能。

 Tips

讓孩子學會用手抓住對方的手腕，或者用腿擋住對方的腳來保護自己，同時讓孩子知道，要告訴對方不可以打人，立即把發生的事告訴老師或是父母。教導自己的孩子不要動手打別人。另外，查看孩子被打得是否嚴重，是否需要及時處理。

情景 44　當孩子不想理我們

✔️ **我這樣說：**"孩子，媽媽感到你有心事，我能幫到你嗎？和媽媽說說，你心裡就舒服了。你能體會到我很擔心你嗎？"

— 提出幫助、疏導情緒、運用同理心

❌ **我不那樣說：**"你為什麼不理我？我跟你說話呢。你在想什麼？怎麼回事？快告訴我！"

— 諷刺、壓力式的質問

孩子的心聲：

爸爸媽媽，其實我沒有什麼心事，有時候我想自己待一會兒，我喜歡自己想一想事情。也許，我在想着自己心裡的秘密，或許，我在想着我認為重要的事。當你們對我"這樣說"，我體會到你們關愛我，我也許就會把心事告訴你們了，如果我有的話。

Tips

尊重孩子，給孩子保持私隱的權利。避免探問孩子的秘密。細心觀察孩子的行為變化，以便了解孩子的心理，針對性地疏導情緒。父母和孩子的親子關係融洽，孩子有問題時會主動向父母討教建議。

情景 45　當孩子不合群

✔ **我這樣說：**"和小朋友一起玩才有意思呢，看看你們的玩法一樣嗎？我們過去和他們一起玩吧。"

— 積極引導、一起參與

✘ **我不那樣說：**"你怎麼搞的？不願和別人玩？要合群啊。過去和那些小朋友玩吧。去！快去！"

— 訓斥、說教、命令

💗 孩子的心聲：

爸爸媽媽，也許我天生性格孤僻。也許在我小時候，我和你們在一起待太久，接觸別人太少。也許，我還不知道怎樣開始加入他們一起玩。當你們對我"這樣說"，激發我想參與的願望。

Tips

發現了孩子孤僻的性格，就要用心地引導他，讓他多接觸其他小朋友。有目的地讓孩子固定和一個或幾個小朋友經常玩在一起，有意識地培養孩子社會交往的能力。

情景 46 當孩子對別人說 "不" 時

✔ **我這樣說**："好,孩子,你可以對我說'不'。但是,我需要聽聽你說'不'的原因,我才能理解你。這樣合理吧?請說出來吧。"

— 尊重的、正面的引導

✘ **我不那樣說**："你不能對我說'不',必須按我說的去做!我是為了你好啊!"

— 獨斷、強制的命令

♥ 孩子的心聲:

爸爸媽媽,當我說 "不" 時,也許,我在嘗試我的獨立性,想證明我在長大;也許,我就是不能接受你們的教導;也許,我真的感覺應該對你們說 "不"。當你們對我 "這樣說",我在學習不懼怕別人,勇敢地表達自己真實的想法。

Tips

對他人說 "不" 需要勇氣,這是人際交往的重要技能之一。從小鼓勵孩子敢於對他人說出自己不同的想法,支持孩子的獨立性,避免養成孩子人云亦云的畏縮性格。

情景 47 當孩子不小心搞壞了玩具

✔️ **我這樣說：** "沒關係，以後看看怎麼玩，才不會把它弄壞。每個人都會出錯，我也會。試試把它修好吧。"

— 表示理解、引發思考、嘗試補救

❌ **我不那樣說：** "你看你這孩子，把這麼貴的玩具搞壞了！我下次還能給你買嗎？"

— 抱怨、指責

💗 **孩子的心聲：**

爸爸媽媽，這麼好的玩具壞了，我心裡很鬱悶。當你們對我 "這樣說"，我感到你們真理解我，將來我玩時也會注意了。

Tips

理解、原諒孩子無意的過錯，孩子也學會善解人意。抱怨和指責只會傷害孩子的自尊。

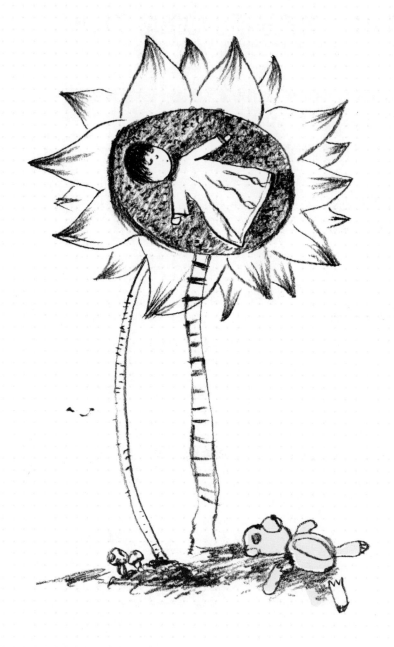

情景 **48**　當孩子沒做好手工

✔ **我這樣說：**"孩子，是不是換另一種方法再做一個，看看不同的效果？"

— 建議式的引導

✘ **我不那樣說：**"你做的不好看，再從新做一個吧。真是笨透了。"

— 貶低、否定

💛 **孩子的心聲：**

爸爸媽媽，我做手工是在表達我天真的想法。請不要用你的眼睛去看我的手工，請用心去看我。當你們對我"這樣說"，我當然要試着做出不一樣的東西了。

Tips

無論何時何地，都要激發孩子的想像力和創造力。避免用成人的眼光去評價孩子和他的作品。

情景 49　當孩子在盡興地畫畫

✔ **我這樣說：**"你畫得真好！我喜歡這藍顏色。告訴媽媽你在畫什麼呀。"

— 讚美、鼓勵、關注

✘ **我不那樣說：**"你畫的是什麼呀，怎麼不像啊。再畫像一點。老師是怎麼教你畫的？"

— 否定、責問

💜 **孩子的心聲：**

爸爸媽媽，當我畫畫時，我在畫我的思想，想怎麼畫就怎麼畫，這是最有趣、最開心的事了。當你們對我"這樣說"，我心裡像吃了蜜糖一樣，好得意呀。

Tips

不管孩子做得如何，總是讚賞他的想像力和創造力。

情景 **50** 當孩子對男女性別感到好奇

✔ **我這樣說：**男孩和女孩是不一樣，我們一起看看有哪些不同吧。
我去拿那本書來。"
— 積極引導、滿足好奇心、探索知識

✘ **我不那樣說：**"你還小，問這幹嗎？我不知道怎麼回答。等到
你長大了，你就知道了。"
— 壓制式的回避

孩子的心聲：

爸爸媽媽，我對什麼事物都好奇。當你們對我"這樣說"，我學到了常識，
又有了學習新知識的興趣。

Tips

永遠滿足孩子的好奇心。對孩子常問的問題，要事先用心準備。避免打
壓或忽略孩子的好奇心。

附：説的藝術

✔ 與孩子交流的 50 個教導句型

每天給自己十分鐘時間，思考、熟讀下面五十個句型，連續做三至五個月，你會得到意想不到的收穫：

一、激發思考

1. 你覺得怎麼做好？你有什麼妙招？

2. 你該怎麼辦？你先做什麼？再做什麼？

3. 如果你好好想，一定能想出好辦法來！

4. 可能會發生什麼事？

5. 如果想要……，你覺得有幾個辦法？

6. 想一想，還有別的辦法嗎？

7. 讓我看看，你有幾個辦法。

8. 我們一起想想辦法？還是你自己想？

9. 我相信，你能想出幾個好辦法來。

10. 孩子，想得好！想得就是好！

二、正面強化規矩

1. 我相信，你能遵守……

2. 我期待着你能做到。

3. 我想，我的話有道理。

4. 請你遵守家庭守則。

5. 你這樣做違反了家庭守則。

6. 你這樣做是不能接受的。

7. 我不接受你這樣的行為。

8. 沒關係，下次你就知道怎樣做了。

9. 請記住我們的規矩。

10. 請你向我道歉。請你用行動來彌補。

三、建議和提醒

1. 如果我是你，我會這樣做……

2. 換另一種方法試一試？

3. 是不是這樣做好一些？

4. 你看，這樣說是不是好一些？

5. 要不要嘗試另一種新的方法？

6. 試試用這個替代怎樣？

7. 是否有必要再做一次？

8. 到了該做什麼的時間了？

9. 想想看，還有什麼沒做？

10. 想想看，怎樣才能少出錯，不出錯？

四、選擇式的引導

1. 我（關電視）……還是你自己（關）……？

2. 先做……還是先做……？

3. 我幫你……還是你自己……？

4. 你認為這樣好，還是那樣好？

5. 這樣做和那樣做有什麼不同？

6. 你認為，我們今天……，還是明天……？

7. 你選擇做什麼？還是我們一起選？

8. 需要我幫你做點什麼？還是不希望我幫你？

9. 你覺得我這樣幫你，還是那樣幫你比較好？

10. 你對我這樣說合適？還是那樣說合適？

五、同理心法

1. 假如你這樣做了，你有什麼感受，別人有什麼感受？

2. 如果你那樣做，別人會有什麼感受？

3. 你能感受我的感覺嗎？

4. 你願意別人對你這樣做嗎？

5. 你這樣做，會使他生氣，還是不生氣？

6. 你感覺到了嗎？你對他無禮，他受到傷害而非常難過嗎？

7. 你願意有被別人傷害的感覺嗎？

8. 你試着想像一下他的感覺，是沮喪？還是窘迫？

9. 我理解你的感受，我也有同感。

10. 我感受到你心裡的鬱悶。

✔ 對幼兒使用正面語言

我們避免説	我們這樣説
別鬧了！	請你安靜一會兒。
別下床！	待在床上。
別喊了！	用平靜的聲音説話。
別站在沙發上！	坐在沙發上。
別跑！	好好走。
別打人！	把手放下來，好好説話。
別咬人！	我們用嘴巴吃東西，不用來咬人。要好好説話。
別在牆上亂畫！	在紙上畫吧。
別亂動！	把手拿開，用眼睛看就行了。
別拿飯玩！	把飯放到嘴裡，嚼好了，咽下去。
別吐痰！	把痰吐到紙巾上或廁所裡。
別把水弄得滿地！	在盆裡玩水。
別扔你的玩具車！	讓玩具車在地上跑。

✔ 10 個與孩子交流的法則

法則 1：正面語言法

法則 2：兩分鐘談話法

法則 3：問題後果法

法則 4：情緒疏導法

法則 5：督促選擇法

法則 6：事實後果法

法則 7：雙贏多贏法

法則 8：具體清晰法

法則 9：同理心法

法則 10：信任開放法

人們交流是要彼此了解，以便有效地解決問題。

大多數親子間的問題和矛盾起因是父母和孩子之間缺乏溝通，或者溝通無效。所以，與孩子有效地溝通是每個父母需要掌握的藝術。

下面十個法則體現了人際關係的相互尊重原則。有尊重，溝通才成為可能。成功的溝通，傾聽最重要。傾聽是為了了解，有了解才能有交流。

父母願意耐心地聽孩子講話，孩子感到父母真的愛他、尊重他、接納他。在父母面前，在家庭中，他感到自己是家庭的一員，他有價值感，有歸屬感。

給孩子發言權，父母才能了解孩子真正的想法。這樣，父母就有了教導的依據，然後才能完成交流的整個過程，達到交流的目的。

事先做好教導的功課，練習每一步的技巧，然後，再與孩子交談，實戰演練，直到將技巧內化，形成終生受用的談話方式。

這些技巧也適用於夫妻之間、同事之間或朋友之間的談話，尤其是解決矛盾和衝突時，同樣有效。

談話時，父母把孩子當成人看待，用對成人的方式對孩子說話。態度坦誠和藹，語氣尊重平和，多使用"我"開始的語句為佳。

法則 **1** 正面語言法

要點：

1）抱怨、訓斥與命令式的消極語言和語氣是傷害孩子自尊的利器。孩子感受不到被父母尊重，父母的教導不管怎麼正確，他也很難聽得進去。

2）孩子會模仿家長消極的話語，一旦養成習慣，容易形成不健康的消極人格。

3）積極的語言清晰明確，是正面提醒、引導式、選擇式或者爭論的方法。

技巧:

請體會下面的情景:

如果你是孩子,你願意聽到左欄中的話嗎?

消極負面的話	積極正面的話
你又在磨蹭,我們都晚了。還不快點!	我們還有五分鐘就走了,你準備好了嗎?
如果你不快點收拾玩具,我就不帶你去了。	你一收好玩具,我們就可以走了。
你已經玩太久的遊戲了,別再玩了,關上!	你今天玩遊戲的時間到了,我想你自己會停止。
不洗手,不能吃飯!	請洗完手和我們一起吃飯。
別把這個玩具搞壞了。	如果這樣玩容易壞,可以試試那樣玩。
再不聽話,就打你。	我認為,我的話有道理。你說呢?
你怎麼還不收拾你的房間?	你今天忘了哪一個承諾?
你怎麼這麼久還沒寫完作業?	你的作業要求三十分鐘寫完。你有什麼難題?還是需要抓緊時間?
太晚了,快去你房間睡覺!	還有十分鐘就到睡覺時間了,先洗漱還是先讀個故事?
你太懶了!看時間都不願意看。沒時間觀念。	學會看時間,就知道怎麼用時間了,你就會有更多的時間。

法則 **2**　兩分鐘談話法

要點：

1）和孩子談論出現的問題時，把握簡單明瞭的原則。把談話時間控制在兩分鐘左右，不宜超過五分鐘。只要掌握與孩子談話的技巧，兩分鐘足夠做到有效的溝通。

2）避免無休止地嘮叨。把問題說清楚便達到目的，要留給孩子時間思考。

3）對於反復發生、難以糾正的問題，給予善意的、及時的提醒，同時一定要表達對孩子的信任和期待。

技巧：

用一兩句話講清楚道理，告訴孩子對與錯，或者提出選擇讓孩子做決定。然後馬上離開孩子，轉身做其他事情。

法則 3　問題後果法

要點：

1）父母不要替孩子思想，替孩子解決問題。

2）用選擇的方法激發孩子自己動腦思考，對自己的行為負責。

3）用一兩句話告訴孩子他一生要記住的道理。

4）一定要堅持讓孩子承擔違反規矩行為的後果，不能妥協。

5）制定"事不過三"的規矩。

技巧：

耐心詢問："你回家晚了，究竟發生了什麼事？我很擔心。"不管孩子講的是事實還是編造，相信孩子的話，把教育重點放在以後怎麼辦。"下次怎麼辦？找出方法來，讓同學提醒你時間？還是你把手機定上時間？還是給我電話？"（提出選擇）

明確後果："下次再發生同樣的事，後果是取消上網或者玩遊戲的時間。"

運用同理心：教導孩子考慮別人的感受。"如果再犯同樣的事，我依然很擔心。讓關心你的人擔心是不友善、不公平的。"

講清道理："守時是規矩。守時的人尊重自己，也尊重別人，受大家信賴。人們討厭不守時的人。"

法則 **4** 情緒疏導法

要點：

1）孩子有情緒的變化很正常。

2）讓孩子敞開心扉說心裡話，父母才能有機會疏導他的情緒。

3）耐心地傾聽，了解實情。

技巧：

無論父母是否同意孩子鬧情緒的原因，都可以嘗試用以下的技巧與孩子對話。

傾聽：

"發生了什麼事？"先放下自己主觀的猜測和看法，站在孩子的位置上認真地傾聽孩子述說經過。

確認：

"你是說小朋友把你的玩具拿走了，你就把他的鉛筆盒摔到地上去，是嗎？"

"我看得出來，你因為不能玩你的玩具了，就非常生氣，是這樣嗎？還有別的原因嗎？"

反應：

"我想像得到，你不能玩自己的玩具有多煩。"

"我能看得出來……"

"我明白……"

"我能理解……。"

"你有道理，因為你……"

這樣的話語給孩子的信號是你相信孩子講的是事實，你理解他的情緒。
但是，這並不代表你同意他的做法，並不代表你自己的主觀看法。

引導：

"我們來看看，除了摔他的文具盒，還有別的辦法嗎？" 給孩子幾秒鐘
回答。 酌情給予提示："讓老師要回來？還是讓他玩五分鐘？還是與他
交換玩他的玩具？"多給孩子幾個選擇，發掘他的想像空間，就是提醒
孩子處理此類事件的方法。

法則 5　督促選擇法

要點：

1）糾正孩子的行為和習慣時，需要明確地給予孩子一些具體的選擇。

2）堅持對孩子的要求，不給孩子討價還價的機會，避免教導時出現被動局面。

3）有效督促的目的是教導孩子遵守規矩、信守承諾，給他機會學習自主、獨立地做決定，並且對自己的決定負責任。

技巧：

請體會下面例子中 A 和 B 的區別和效果：

你會用哪一種呢？

不讓別人玩玩具

A "把玩具給小芳，讓小芳玩一會兒。要學會分享啊。"

B "你自己決定：自己玩五分鐘，然後給小芳玩十分鐘。或者現在給她玩五分鐘，你再玩十分鐘。"

結果：

孩子可能會決定讓小芳先玩，或自己先玩，再可能就是堅決不讓小芳玩。

克服難點：

如果孩子就是堅持不分享，對他說："我知道這是你剛買的玩具，你捨不得讓她玩。好，今天不讓她玩，下次可以讓她玩嗎？（下次吧。）那麼，現在讓她玩哪個舊的呢？"

房間髒亂

A "你的房間太亂了。你不收拾，我們不出去玩了。"

B "你是想現在整理，飯後再出去玩，還是現在不整理，飯後不出去玩呢？"

結果：

孩子可能選擇現在不整理，飯後也不出去玩。

克服難點：

如果孩子選擇不整理，進一步督促，"你想什麼時間整理呢？"或者，"讓我幫你一起整理嗎？你一定不太願意吧？因為這是你自己承諾要做的，是你自己可以完成的事。"把主動權交給孩子，讓他再承諾什麼時候整理。

不上床睡覺

A "該上床睡覺了，別磨蹭了。"

B "你現在上床睡覺？還是看十分鐘書再上床？"

結果：

孩子可能會選擇其中之一。

克服難點：

如果孩子堅持不睡，了解原因，是身體不舒服，還是心裡有事，或者在他的房間陪他一會兒，直到入睡。

不去洗澡

A "趕快脫衣服洗澡，該睡覺了。"

B "你自己脫衣服洗澡，還是讓我幫你把衣服脫下來，把放你到澡盆裡？我這樣幫你，你一定會很煩吧。你大了，不願意讓我幫了，是吧？"

結果：

孩子可能會選擇自己做。

克服難點：

如果孩子選擇讓你幫忙，對他說："我只幫你今天這一次，明天你一定要自己主動去洗。"

要不合適的東西

A "這個玩具不適合你的年齡了，不能給你買。"

B "你選擇吧：今天什麼都不買，或者下個月再選另一個。"

結果：孩子沒有討價還價的機會，會期待下個月的另一個玩具。

説謊

A "再說謊就打你。"

B "請你告訴我：你想要說真話呢，還是下次還讓我發現你說謊？沒有人喜歡說謊的孩子。你說了真話，我不會教訓你。"

結果：孩子掂量後會選擇說真話。

不收玩具

A "你不把玩具收起來，下次別玩了。"

B "你自己選擇決定吧：你現在再玩五分鐘後收玩具，我們就不去公園了；要是現在收好，然後我們就馬上去公園。"

結果：

孩子可能選擇任何一個，也可能拒絕收拾。

克服難點：

孩子就是不動時，對他說："每天收好玩具是我們定的規矩，今天我們一起收，好嗎？明天你就要自己主動收了。"

法則 6　事實後果法

要點：

1）要求孩子做事時，避免用説教和命令等不尊重的語言。

2）説出事實和後果，引發孩子思考，激發他的主動性。

3）教孩子明白道理，訓練他養成尊重事實做事的好習慣。

技巧：

請比較下面不同的方法：

説教或命令	事實和後果
把音樂關上！我説過做作業不能聽音樂的。一心不得二用。	做作業聽音樂違反了我們定的規矩。你想怎麼辦？讓我把它關上？還是你自己關？
把玩具撿起來！	玩具在地上會被踩壞的，你就不能玩了。
別嘟嘟囔囔的，有話好好説。	發牢騷不是好習慣。如果你這樣對我説，是不是好些？"媽媽，我可以……嗎？"
快關上門！	門開着，蚊蟲會飛進來。請你把門關上，好嗎？
趕快去餵魚吧，你馬上就要上學去了。	魚在等着你的美食呢。
説過幾遍了，你還不回房間睡覺！	不按時上床睡覺，明天早上就不能按時起床了。睡不夠覺，很難受的。我都是這樣的。

法則 7　雙贏多贏法

要點：

1）雙贏、多贏技巧是現代人際交流的流行法則。大家都受益於有效的溝通並達成共識。

2）有意識地在孩子的早期灌輸雙贏和多贏的意識，掌握基本的技能，以便他適應未來世界錯綜複雜的人際關係。

技巧：

認真對待：

選擇可以輕鬆談話的時間。坐下來，真誠地看着孩子，讓他感覺到你在認真地談事情。

說明目的：

"我想和你一起解決我們兩個共同面對的問題。"

"我不喜歡總是嘮叨你放學晚回家的事。"

"我願意我們兩個談談，看看是否能找到對我們兩個都有利的好辦法。"

輕鬆幽默：

話題雖然嚴肅，但是可以用有趣的方式和幽默的語氣。孩子不緊張，就願意向你敞開心扉。

"又到我們會談的時間了？"

"不管是否可行，我們看看有什麼辦法呀？"

“我願意先聽聽你的主意。”

“我了解你，孩子，你的小腦袋瓜裡裝着不少點子啊。”

認真傾聽：

給孩子時間，讓孩子把話説完，不要打斷他。不時點頭，並回答“嗯……”，給孩子傳達信號：你尊重他，你在認真傾聽，你在努力理解。

幫助分析：

引導孩子拿出幾個做法來選擇，最終找出一個方法，達成共識。

肯定結果：

最後要表達你對這次談話感到非常滿意，欣賞他的一些看法和建議，這使孩子感到被肯定，覺得和父母交談有收穫。

法則 8　具體清晰法

要點：

1）和孩子談發生的問題時，要具體。

2）嘮叨和抱怨不能幫助解決問題。

3）鼓勵或肯定孩子的正確行為，也要清晰具體，使孩子明白父母在關注、肯定他們的好行為。

4）父母具體的讚賞能激勵孩子重複正確行為，久而久之成為一種好習慣。

5）談話用 "我" 語句開始。

技巧：

請體會下面例子的情景：

描述情景	描述行為	說明結果
"剛才在外面，我看到	你把小剛的球搶走了，他很生氣。	以後他會不信任你了，不願意和你玩了。如果你總是這樣，你會沒有朋友和你玩了。"
"我注意到	你每次看完電視，都會把遙控器放回原處，	我要用時就不用找了，很方便就拿到。謝謝你！"
"我看了你的房間，	收拾得整潔乾淨，	你開始管理自己了。在這樣的房間裡，真舒服。"
"我發現	你昨晚就把書包收拾好了，並且放在門邊，	你今天早晨很從容啊。感覺不用那麼着急了吧。"
"我聽鄰居說，她看到	你用腳踢電梯間的牆壁，留下了腳印，	大家看到那麼髒的牆很不舒服。你覺得這樣做好嗎？"

法則 9　同理心法

要點：

1）運用同理心是人際交往的重要技能之一。

2）讓孩子學會設身處地考慮別人的感受，理解別人，並且願意幫助別人解決煩惱和困擾。

技巧：

提出問題：

"你最近寫作業拖拉到很晚。"

讓孩子說出你的感受：

"你知道我的感受嗎？"

談感受：

"我很焦慮。我擔心你做作業做到很晚影響睡眠，明天上不好課。焦慮的話，我也睡不好。"

說明後果：

"要是這個問題不解決，我總是焦慮擔心，這樣是不是對我不公平呢？你願意媽媽這樣焦慮嗎？"

找出解決方法：

"怎麼做對你我都好呢？如果你做完作業後有時間放鬆，我也不用焦慮了。"

如孩子說不出來，用問句說："你覺得這樣可以嗎？"先提出一條："固定作業時間？"第二條還是引導孩子說："你說第二條呢？"以激發孩子自己想出辦法改變。

最後約定具體的行動：

參考本書 228-237 頁的孩子自我激勵心理工具。

舉例：

孩子做作業拖拉，媽媽感到焦慮……

媽媽：我每天看到你寫作業這樣慢，寫到很晚，你知道我的感受嗎？

孩子：着急。你總是在一邊對我大喊大叫催促我。

媽媽：是啊，我很焦慮，總是擔心你寫不完，擔心你睡不夠覺。你覺得我焦慮好嗎？

孩子：不好。你朝我大叫，搞得我很煩吶。

媽媽：其實，我也不想這樣催你。你覺得怎麼辦讓我不用再着急，不再嚷你，你也不煩呢？

孩子：我抓緊時間寫完作業吧。

媽媽：好。我們做個約定吧，我不再大嚷大叫了。你要按時間表寫完作業，這樣你也有時間做你喜歡的事了。我們都開心了，是不是啊？作業的難題可以明天問老師。

孩子：行。

法則 10　信任開放法

要點：

1）信任開放式談話不會給孩子壓力，反而能贏得孩子的信任。

2）有了信任，孩子願意向父母說心裡話，父母得到教導的機會。

3）有了信任，父母心平氣和、說話理性，就會理智地用有效的教導技巧，達到滿意的效果。

技巧：

請比較下面的兩組對話，體會對話結束後雙方的感受和關係有何變化。

媽媽和孩子談交異性朋友

對話一：

媽媽	孩子
"我看你最近有點反常啊，准是有什麼事情發生了？"	"是嗎？沒什麼。" （啊？難道她發現了我的秘密？我要鎮靜。）
"交了女朋友了吧？" （探問）	"沒有。" （不能說，她是堅決反對啊。）
"還不承認？那天我看到你和她在路上一起走。"	"啊？是嗎？" （真倒霉！）
"你學習不上心，倒是願意扯用不着的。" （指責式的批評）	"媽……你聽我說。"
"說什麼，有什麼說的。學習要緊，趕快給我斷了。"	"……" （無話，趕緊走開。）

媽媽	孩子
"最近有什麼高興事跟媽媽講講吧。"	"沒什麼。" （啊？難道她發現了我的秘密？）
"我發現你變樣了，總是很興奮，説話滔滔不絕啊。我猜，准是交了女朋友了吧？"	"沒有。" （不能承認，她准是堅決反對啊。）
"交女朋友很正常啊。" （表示理解）	"啊？是嗎？" （開始放下防禦心態）
"有女孩喜歡你了？"	"是，我對這個女孩有點感覺，她也喜歡我。"
"我非常理解，身體發育了，對異性感興趣很正常。有女孩喜歡你，媽媽也自豪。" （運用同理心、肯定、讚賞孩子）	"媽媽，你真是這麼看的？" （這麼理解我，我沒想到！）
"是啊。她想了解你，你想了解她，沒什麼不好。"	"我們只是談談天而已。" （沒過分啊）
"不過，我非常擔心，這會影響你的學習。"	"我不會的，你放心吧。"
"你認為怎麼衡量會不會影響學習呢？"	"看我學習成績是不是下降了，不就行了嗎？"
"那你試試吧。考驗你的時候到了。如果成績下降就馬上停止過多的交往，是嗎？"	"是啊，我不會耽誤我的學習的。"
"這是你自己的承諾嗎？" （引導孩子承諾）	"是。我承諾。"
"有什麼進展要告訴我啊。"	"好啊。"

✔ 這些話要對孩子説

- 我愛你，孩子。

- 來，擁抱一下。（慶祝、鼓勵、理解、原諒時）

- 你能做到！我相信你有這個能力！

- 你真能幹！告訴我你是怎麼做到的。

- 我真為你感到驕傲！

- 你摔了，自己站了起來，也沒哭，真是長大了。

- 哭吧，哭夠了，我們再説。（抱着他，或者把手放在他的肩上。）

- 我還沒想到這個主意呢，你先想到了！真讓我驚喜。

- 我知道你有很多辦法的，孩子！

- 我喜歡你這樣做！

- 你很有創意呀！

- 你想做什麼，我們都支持你。

- 媽媽怎麼做能幫到你？

- 我沒幫你，你都做得很好啦！

- 你這個問題難倒我了，我們一起上網查查看吧。

- 媽媽今天累了，請你安靜一會吧。

- 我永遠相信你，孩子。

- 對不起，孩子。我不該這麼粗魯。

- 我不是故意的，請你原諒。

- 我誤解你了。對不起，孩子。

- 我欣賞你的很多優點，比如⋯⋯。

- 你今天沒精神啊，身體不舒服嗎？

- 我覺得你很重要，你總是有讓我能接受的主意。

- 你做錯了事情，我們也接納你，也愛你。我們只對事，不對人。

- 大膽去做吧，我們永遠支持你！

- 你説的很有道理！還有什麼別的想法？

- 分享一下你今天最高興的事吧。

- 你覺得怎樣做更好？

- 你覺得我們大人有哪些你認為不對的地方？

- 你主動和我講這個問題，你真是用心了。

- 你的努力見效了。用不着我提醒，你就做了。

- 請你想想別人的感受。

- 我不能接受你有這個壞習慣，我期待你不久會改掉。

- 你需要時間想一想，然後我們再談，好嗎？

- 怎麼做讓我們大家都開心呢？你有什麼辦法嗎？

✗ 這些話不能對孩子說

- 哭，你還哭，馬上給我停止！
- 再鬧，我就叫警察叔叔了。警察叔叔快來呀。
- 這麼大了，連這個都不會。
- 你看你，就知道磨蹭，你不會快點嗎？
- 你再氣我，我就不要你了！
- 叫你不要玩電腦，你還是玩，馬上給我停止，趕快睡覺去！
- 快點吃飯！你讓我天天催你，我都煩了。
- 你這麼小，就知道偷東西了。
- 你不願意上學，就出去要飯吧。
- 不好好看書，我明天告訴你老師。看他怎麼懲罰你。
- 別的小朋友怎麼都比你學得好呢。
- 你給我回來，你要是不回來，就再也別回來了。
- 你怎麼不跟人打招呼？真沒禮貌！
- 作業寫完了嗎？寫不完作業，就別吃飯。
- 你怎麼就知道玩。
- 別總是纏着我了，煩死了，去一邊自己玩吧。
- 你氣死我了。氣死我，你就沒有媽媽了。
- 你看你，怎麼搞的？總是調皮搗蛋，弄得誰都覺得你煩。
- 你真沒出息，説出這樣的話。
- 你真讓我失望啊！我是倒霉了，生了你這樣的孩子。
- 你在幹嘛？鬼鬼祟祟的，做壞事了吧。
- 養你，我是白養了。

- 花多少錢了，讓你學琴，你就學成這樣，真不爭氣呀！
- 住口！不要再說了！
- 不用解釋了，解釋也沒用，我都聽夠了。
- 你不聽我的，你聽誰的？
- 你這樣做，怎麼能行？
- 你就照着我說的去做，准沒錯。
- 我就知道你想騙我。
- 你真是沒用，廢物一個。

✓ 孩子問我關於性的問題，我怎麼回答？

孩子們往往出其不意地問父母"我從哪兒來的？"等問題。如果父母沒有事先準備，就不知道怎麼回答，有的會編故事，有的會迴避。

孩子的好奇心很正常。父母最佳的應答策略是正面地引導孩子理解性和生殖過程，避免將其神秘化。我們也可以根據孩子不同的年齡階段，教孩子認識自己的身體，了解男女的差異和相關的身體變化。

年齡階段	情景或孩子提問	父母回應
2-3 歲左右	給孩子洗澡時，用正確的詞彙教孩子認識身體的部位，如陰莖、陰道、乳房。	"男人有陰莖。女人有陰道、有乳房。別人不能隨便摸這些部位。"
3-4 歲左右	"我從哪兒來的？"	"媽媽肚子裡有一個'子宮'，你住在裡面，你長大了就出來了。"
	"我怎麼出來的？"	"你不想待在子宮裡了，子宮就把你從媽媽的陰道裡推出來。"
4-5 歲左右	"我是怎麼做出來的？"	"爸爸媽媽做出來的。爸爸的一個小'精子'和媽媽的一個小'卵子'碰到一起了。"
6-7 歲左右	"精子和卵子怎麼碰到一起了？"	"男人和女人的身體任一起時，陰莖和陰道對上了。精子就像小蝌蚪一樣游出了陰莖，游到了子宮的卵子裡。"
8-9 歲左右	"甚麼是性交？"	"男人和女人用性交表達彼此相愛。"
10-12 歲左右	用適當的機會和孩子談談青春期的變化。	"女孩乳房開始發育，來月經；男孩聲音變粗，長鬍鬚，遺精。這是人的自然發育過程。"

五、 培養孩子 10 大
素質，我怎麼做？

爸爸媽媽，你們愛我，讓我的衣食住行有了保障。可是，我要做我自己。我需要你們幫助我。要是你們從小給我充足的心靈營養，我就會茁壯成長，身心健康，快樂和幸福。

每一位父母都對孩子寄予無限的希望，每一位父母都希望孩子健康快樂地成長，每一位父母都希望孩子長大有所成就。從現在，看未來。我們希望一個成年後的男人，或者一個女人有什麼樣的品質？他們將會是慷慨大方的人嗎？將會是負責任的成年人嗎？他們有能力挑戰困難嗎？他們將會成為一個好丈夫，或者一個好妻子嗎？他們將會是一個稱職的爸爸，或者媽媽嗎？他們將會是一個社會的好公民嗎？

我們現在的家庭教育怎麼能影響到未來的這些結果呢？下面是當今社會崇尚的十大素質，可以作為父母對孩子的素質教育的參考。

培養孩子十大素質

- 培養孩子的愛心

- 培養孩子的責任心

- 讓孩子學會勇敢堅強

- 讓孩子遵守規矩

- 讓孩子愛學習

- 培養孩子的抗挫能力

- 培養孩子的愛好

- 指導孩子交朋友

- 教孩子珍愛生命

- 教孩子有公民意識

一、培養孩子的愛心

教孩子要有愛心就是教孩子心裡想着別人，在別人需要幫助時主動幫忙。

孩子從父母那裡學習愛心。父母之間互相尊重，互相示愛，溫存體貼，孩子自然地模仿父母的一舉一動。父母之間沒有尊重，關係緊張，惡語相加，孩子的心靈就會打上了惡或恨的烙印。

孩子感受到的愛是正確的愛，便會自發地回饋父母之愛。引起孩子反感、厭惡、反叛甚至逃避的愛是錯誤的愛。只有父母愛得正確，才有可能培養孩子的愛心。

有愛心的孩子有安全感，孝敬父母，懂得待人處事之道，有良好的人際關係，生活和工作容易成功。

培養富愛心的孩子

我不要

— 整天嚴肅地板着臉。
— 孩子不聽話時説不要他了、白養了等傷害的話語。
— 説侮辱、嘲諷、指責的話。
— 説不真實的、模棱兩可的話。
— 大嚷大叫，打罵孩子，發脾氣。
— 強迫孩子做他不願意做的事情。
— 把自己的意願強加給孩子。把焦慮傳染給孩子。
— 顯示自己完美無缺，不需要孩子的愛。
— 背着家人説壞話。
— 當著孩子的面相互貶低、爭吵。

我要做到

- ☐ 給別人帶來"陽光"的微笑。
- ☐ 時常對家人說"我愛你"。
- ☐ 每天和家人互道早晚安。
- ☐ 說"你好、謝謝、再見、對不起"等敬語。
- ☐ 給家人一個擁抱，發一條感謝的短訊，寫一個致謝的便條。
- ☐ 尊重、體貼家人。
- ☐ 累了不想動，就讓孩子遞給自己一杯水，為自己做點事。
- ☐ 真誠地看着孩子的眼睛、滿懷興致地聽孩子說話。
- ☐ 不打斷孩子講話。
- ☐ 坦誠地告訴孩子自己的真實想法。
- ☐ 讓孩子看到最真實的父母。
- ☐ 安排固定的時間和孩子在一起做有趣的活動。
- ☐ 支持孩子餵養小寵物，種植花草。
- ☐ 家人生日送真誠的祝福。
- ☐ 過年過節給家人送一個小禮物。
- ☐ 讓孩子參與家庭事務的討論和決定。
- ☐ 帶孩子去看望家裡的老人，或者參觀敬老院。
- ☐ 引導孩子做一些簡單的家務。
- ☐ 教孩子關心虛弱生病的老人。
- ☐ 教孩子讓座給老弱病殘人。
- ☐ 帶孩子捐款，關心需要幫助的人。

二、培養孩子的責任心

教孩子負責任就是培養孩子主動地做正確的事情。責任感是一種態度，也是一種技能。負責任必須要教才能習得。只有教，孩子才懂得什麼叫責任，才能懂得怎樣做才是負責任。

培養孩子的責任感能刺激孩子的大腦和動作的發展，激發他的主動性和熱情。有責任感的孩子懂得關愛和付出，容易產生幸福感。他們自信心強，情商高，有自我價值感、勤奮感和自豪感。

教會孩子負責任，父母就能少操心。教孩子負責任越早開始越好。

訓練孩子的責任感是個過程。他在學習負責任時，出現行為的反復很正常。即便在孩子做得很糟糕時，也要堅信他是個有責任感的人。當孩子看到了父母對他的信任和期望，他就會努力提高到父母所期望的水準。

告訴孩子負責任是：
* 堅持自始至終地遵守承諾。
* 是對自己行為的態度。
* 讓自己值得別人信賴。
* 讓自己形成正確的判斷力。
* 管理好自己的事情，不推脫給別人做。

對孩子說："你負責任的行為證明你在長大，在成熟。別人信任你，你才會有更多的自由。沒有人願意總是被別人看管。你也不願意，是吧？"

我不要

— 因為沒有耐性教孩子做事，而忽略培養孩子的責任心。

— 因為我能做，就不信任孩子的能力。

— 怕孩子吃苦。

— 代替孩子做他能夠做的事。

— 代替孩子思考。

— 代替孩子做決定。

— 硬性制定或者分配家務給孩子。

— 用訓斥、打罵的方式對待孩子不負責任的行為。

— 嘮叨的習慣。

— 我的生活總是圍着孩子轉。

我要做到

☐ 在孩子兩歲左右開始和他一起整理床鋪，把枕頭放平，疊一疊小被子。

☐ 給孩子準備一個既好用又安全的玩具和物品分類箱或分類筐。

☐ 教孩子每天在固定的時間裡把玩具物品和書分類、歸位收好。"這樣，我們不會踩壞玩具，又安全，又整潔。"

☐ 讓孩子自己挑選一個他喜歡的鬧鐘。開始訓練孩子認識時間，管理時間。從早晨用鬧鐘叫醒自己開始訓練。

☐ 訓練孩子主動拿書包，不管是平時去幼稚園，還是週末出去玩。

☐ 訓練孩子根據天氣選擇每天穿什麼衣服。

☐ 先提出幾個玩的地方，讓孩子選擇週末去哪裡玩兒。

☐ 讓刷牙、洗手等要做的事變得有趣，常對孩子說"有趣"、"有意思"、"真爽"等愉悅的話語。

☐ 在洗手台前準備一個小櫈子，教孩子自己拿水果、洗水果。

☐ 指導孩子一起做簡單的家務，比如：擦灰塵、掃地、整理客廳的物品、擇洗菜等等。

☐ 讓孩子負責飯前擺碗和筷子，使他感覺自己覺是家庭的一員，他和爸爸媽媽一樣能幹。

我要做到

- [ ] 使用書中的自我激勵表格，讓孩子自己貼紙或畫畫，記錄他完成的事情，他一次次地肯定和強化自己負責任的行為，直到不用別人提醒而養成習慣為止。
- [ ] 讓孩子體驗不負責任的後果，例如：他沒有把髒衣服放到洗衣籃中，這次不給他洗，提醒他要做到。
- [ ] 讓孩子挑選小寵物，魚、兔、貓、狗等，堅持餵養。
- [ ] 獎勵孩子負責任的行為。
- [ ] 讓孩子自己準備外出要帶的水、水果、衣服等物品。
- [ ] 在書桌上放一個鬧鐘，讓孩子自己估算寫作業的時間，用鬧鐘計時，學習時間管理。
- [ ] 絕不陪伴孩子做作業。訓練孩子獨立思考、獨立做事的能力，強化他的負責心，促使他上課專注聽講，消除依賴別人的心理。
- [ ] 對孩子提出的任何難題，用反問、選擇或者爭論的方法，激發他自己動腦筋，自己解決難題。
- [ ] 永遠對孩子有信心。他這次沒有做到所承諾的事情，堅持鼓勵他下次再做。

✓ 三、讓孩子學會勇敢堅強

培養孩子勇敢堅強就是教孩子有**勇氣和膽量面對困難的事情，想出辦法去解決它**。勇敢堅強是一種成功的心理品質，所有孩子都需要這種品質，以便調整自己的想法和心態，做出正確的判斷和決定，成功戰勝困難。勇敢堅強的孩子內心強大，有冒險精神，對外界的適應力強，勇於設定目標，並且有能力克服困難去完成這個目標。

培養勇敢堅強的孩子

我不要

— 孩子摔倒時，驚慌失措，大呼小叫，怪罪地面、桌子或其他人。

— 不放心孩子單獨玩。

— 用上醫院、打針、警察來了嚇唬孩子。

— 用侮辱、打罵的粗暴方式教育孩子。

— 抱怨、唉聲歎氣的習慣。

— 對孩子太溺愛，不給他顯示勇敢的機會。

— 管教過多、過細。

— 因為不放心而阻止孩子嘗試新的挑戰和冒險。

— 說 "你真棒" 籠統地誇獎孩子的勇敢。

— 過多、過分的讚揚。

☐ 孩子學步時摔倒了，鼓勵他自己站起來。

☐ 盡早訓練孩子獨睡一床，獨睡一室的習慣。

☐ 不讓孩子長期摟着抱枕睡覺。

☐ 每天安排固定的時間，讓孩子在我們能看到的、安全的地方獨自玩耍，不去打擾他。

☐ 訓練孩子不怕打針吃藥，不怕上醫院。

☐ 在孩子幾個月時，開始和他一起在游泳池中玩耍。

☐ 平時多給孩子閱讀有關勇氣和膽量的故事書。

☐ 讓孩子披上一塊布或浴巾，扮演 "蜘蛛俠"。

☐ 不去阻止孩子正在嘗試有趣的冒險，只要在一旁防範危險就行了。

☐ 堅定地拍拍孩子的肩膀，讚賞他做出的勇敢行為。

☐ 鼓勵天生內向膽怯的孩子學習做小主持或者學演講，鼓勵他參加適合他年齡和能力的比賽。

☐ 給孩子買個滑板或小車讓他學習新技能，嘗試新的冒險。

☐ 孩子摔得流血時，不驚慌，冷靜沉着地處理。

☐ 根據家裡的情況，用心準備一份安全守則，訓練孩子有安全的意識，遠離危險的東西，識別會傷害他的人。

☐ 天黑時帶孩子在社區裡散散步，欣賞月色之美。

☐ 把生活和工作中解決難題的故事講給孩子聽。

四、讓孩子遵守規矩

教孩子遵守規則就是教孩子用正確的方式做正確的事情。

規則是為人處事的標準。孩子想要一個可預見的有規則的世界，這樣，他會感到安全和踏實。否則，沒有規則的生活，沒有限制或約束的環境會讓他感到焦慮、不安全。

遵守規則的孩子明辨是非，做事有底線，不容易受外界誘惑，自理自立能力強，有良好的修養，受人們尊重和愛戴。

培養守規矩的孩子

我不要

— 不給孩子立規矩。

— 害怕給孩子立規矩。

— 因為是家長就可以不遵守規矩。

— 因為孩子小就不教他規矩。

— 想起來就要求孩子守規矩，想不起來就放任他。

— 用打罵、嚇唬的手段逼迫孩子守規矩。

— 在孩子的行為出現反復時，沒有堅持對孩子督促和教導。

— 孩子沒守規矩時，不停地嘮叨。

— 總是責罵孩子，自己卻沒做出榜樣。

— 説話不算數。

我要做到

☐ 全家人一起精心地制定出大家都要遵守的規則。

☐ 讓孩子選擇一個或者兩個要訓練的任務。耐心、持續地幫助孩子完成，直到養成習慣為止。

☐ 給自己制定一份當父母要做到的守則。

☐ 讓孩子清楚家裡每一個人要承擔的事情。

☐ 和孩子討論，做出一份獎勵和懲罰後果，然後嚴格照做。

☐ 保證全家作息時間準時。週末、節假日可以靈活。

☐ 進入孩子的房間要敲門。動用孩子的東西，要問"我可以嗎？"。

☐ 不翻看孩子的日記等物品，尊重孩子的隱私。

☐ 訓練孩子使用鬧鐘，學習管理自己的時間。

☐ 晚上睡覺前，先去洗漱做準備。然後說："孩子，現在該輪到你了。"

☐ 讓孩子看到我守時守信。到了睡覺時間，沒看完電視我也要自覺地關上。

☐ 沒按規定時間去接孩子，要對他說對不起，還要解釋清楚原因。

☐ 讓孩子看到我接人待客的笑容和禮儀，我做事嚴謹的態度和自律的行為。

☐ 通過電影和故事等，讓孩子明白哪些是負責任的行為，哪些不是。

☐ 為了人身安全，給孩子規定，和朋友出去玩，一定要事先得到父母的同意。

☐ 制定並嚴格遵守上網、玩遊戲的時間。

☐ 幫助孩子計劃使用零用錢或者儲蓄。盡早培養孩子的理財習慣。

☐ 孩子與我討價還價想推脫負責任時，永遠對他堅定地說"不"，然後告訴他，"我不希望看到你隨便不做你已經承諾的事情。你必須做到。否則，你違反了家庭規矩。"

五、讓孩子愛上學習

教孩子愛上學習就是激發孩子的求知慾望，培養他一種持續的、主動的獲取知識的能力。現代社會的發展需要現代人具備終身學習的能力，愛學習是一種精神，也是一個可以養成的習慣。愛上書可以愛上學習，自幼愛書，從書中得到知識，開拓視野，長了見識，孩子習慣性地到書裡去尋找他想要看到的世界。還可以引導孩子到大自然中認識事物，從平時身邊發生的事情中學習。

有學習能力的孩子對事情感興趣，他們善於探索，勇於發現，做事有動力，想像力豐富，創造力強。

有了學習習慣，學習就不再是一件困難的事情，而是一種樂趣，一種享受了。孩子會讀書會增加他的自信心，還能體會到一種自我掌控的樂趣。

怎樣和孩子一起讀書才有效果？

1）讀給孩子聽。孩子幼小，開始學習閱讀時用的方法。這個階段主要讓孩子對讀書感興趣，讓孩子感受父母讀書時豐富的面部表情和抑揚頓挫的語音語調。

2）和孩子一起讀。孩子很放鬆，又能得到適當的提示。當孩子適應以後，慢慢地覺得自己在獨立地閱讀了。開始時可讓孩子跟讀，讀認識的字，然後讀一句，再過渡到讀一段。

3）交替讀。比如：故事書分角色讀，分段落讀。當孩子學會一些基本的單詞後，可以使用這些方法。

4）中途停頓。在精彩的地方停下來，讓孩子自己接著讀下去。

5）指出孩子閱讀錯誤要用點兒技巧。中間盡量少打斷、少糾正錯誤。讀完時，再説"這兒好像不太對。"，或"再讀一下這兒，好嗎？我覺得丟了點什麼。"

6）讓孩子讀書給我們聽。體會到孩子讀書進步真是一種享受呢。

培養愛學習的孩子

我不要

— 和孩子一起看書是走形式。

— 和孩子談論書的內容時，把自己的理解強加給他。

— 否定孩子的想像力。

— 在孩子完成不了作業時施加壓力。

— 強迫孩子坐下來看書。

— 把孩子與愛看書的孩子比。

— 把孩子和學習好的孩子比。

— 在孩子心情不好、身體不舒服時，強迫他完成作業。

— 強迫孩子同時參加多個興趣班。

— 把孩子的課餘時間全部填滿，不給孩子留自由活動的時間。

☐ 家裡有書房或書架。選擇精讀的書和床頭閒書。自己先有閱讀的習慣。

☐ 一年兩次或多次精心挑選適合孩子年齡的書,列出書單購買。

☐ 給低幼的孩子按類別選擇書籍。例如:好行為習慣、好品格、認識自然、動物等畫面生動、有故事情節的好書。

☐ 在孩子的房間放一個孩子夠得着的書架和桌椅,選擇合適的閱讀燈。

☐ 盡量讓孩子選擇要看的書,或者提出建議。訓練孩子看完書後把書放回書架。

☐ 孩子獨自看書、做功課時,我們可以看書看報,做自己的事,讓孩子在安靜的環境下讀書、學習。

☐ 每天晚上在睡前固定時間給孩子讀書。問孩子問題,引導他理解書的內容,發揮想像力,訓練語言表達能力。

☐ 每週和孩子一起整理一次書架,讓孩子形成分類、收納的習慣。看書時知道在哪兒能拿到想看的書。

☐ 每年兩次和孩子一起清理書架上的舊書,換上新書。教孩子愛護書,不撕書,不捲頁,不亂畫,保持書乾淨整潔。

☐ 耐心回答孩子的問題,或者反問孩子,激發他思考,學習自我表達。和孩子一起查閱自己不能回答的問題。

☐ 帶孩子去圖書館一起看書。帶孩子一起逛書店和書展瀏覽新書,學習怎樣挑選好書。

☐ 有意識地引導孩子把看過的故事畫出來或複述出來。

☐ 給孩子獨自看書的時間,不去打擾他。堅持讓他養成習慣。

☐ 利用散步或閒暇時間和孩子一起輕鬆地講講他看過的書。

☐ 幫助孩子找幾個小朋友一起看書,然後問幾個問題讓他們說說,還可以鼓勵他們自己編成小戲劇。

☐ 孩子上小學後,鼓勵他每天堅持閱讀適量的課外書以擴大知識面。

☐ 有時說說社會上發生的真實現象,讓孩子看到書之外的世界。

✓ 六、培養孩子的抗挫能力

培養孩子的抗挫能力就是教孩子用良好的心態對待不如意、衝突、打擊、不幸和失敗。抗挫能力是一種心理品質，也是一種技能。孩子經歷了不斷的嘗試和挫折，在不斷地解決問題的過程中形成應對的能力。抗挫力是人的一生都需要具備的能力。培養孩子的抗挫能力越早開始越好。

抗挫力強的人樂觀向上，自信心強，勇於接受人生各種挑戰，受挫後的復原能力強，社會適應力強。

培養抗挫力強的孩子

我不要

— 忽視孩子的畏難情緒。

— 打罵、強制孩子，給他過多的挫敗感。

— 溺愛孩子，事事順着他的意願。

— 無原則地袒護孩子。

— 把孩子當溫室花朵，過分地保護他。

— 代替孩子解決他和別人的衝突。

— 在孩子沒有動腦思考前，就把結果告訴他。

— 孩子做的不好時說嘲諷的話，傷孩子的自尊心，打擊孩子的自信心。

— 和孩子談問題時沒有疏導他的情緒，沒有解開他的心結。

— 忽視鍛煉孩子強壯的身體和堅強意志力。

我要做到

- ☐ 孩子正在試着撕開雪糕的包裝紙時，別急著去幫他，直到他努力後真的撕不開，來求助你了，再幫他忙。
- ☐ 用家庭規矩訓練孩子學會自我約束。
- ☐ 對孩子的不良行為説"不"，然後再講清楚説"不"的道理。
- ☐ 孩子違反了家庭規矩，一定讓他以行動來彌補。
- ☐ 教孩子獨自處理問題的技能。比如：別人搶了孩子的玩具，引導他自己想辦法要回來。
- ☐ 有意識地和孩子爭論，挑戰他的想法，讓他受點有益的挫折。
- ☐ 教導孩子正視老師的批評，讓他自己判斷批評是對還是不對，"批評得對，你自己改正，批評得不對，你自己去和老師談談，希望他以後公正一些。"
- ☐ 接納孩子的失敗，"這次沒考好沒關係，沒有常勝將軍。"積極地引導孩子找出失敗的原因和改進的辦法。
- ☐ 不傷害孩子的自尊。當孩子的自尊受到別人的傷害時，教孩子説"我不能接受你的傷害，這對我不公平。"
- ☐ 永遠尊重孩子的選擇，儘管他做了一個錯誤的決定，"沒什麼，這是你的人生經驗，你學到了東西就是收穫。經一事，長一智。"
- ☐ 永遠鼓足孩子的士氣，用行動支持他再去挑戰。
- ☐ 帶孩子玩過山車、小型賽車等挑戰勇氣和膽量的活動，讓他體驗挑戰後的樂趣和成功。
- ☐ 鍛煉孩子的身體耐受力。訓練孩子洗冷水澡，早上跑步、冬泳等等。
- ☐ 讓孩子愛上一兩項體育運動，鍛煉他的意志力。贏了要慶祝，輸了要找差距。團隊的共同努力比個人的表現更重要。
- ☐ 和孩子一起看勵志的書和電影，一起交談感想，談人生的坎坷經歷。
- ☐ 有機會和孩子談談自己的長處和不足，引導孩子更實際地認識自己。
- ☐ 把生活中柴米油鹽的煩惱告訴孩子，使他明白人生總是有不如意。
- ☐ 給孩子講講工作中遇到的難題或人際關係的難題。
- ☐ 教孩子珍惜生命。不管他發生甚麼事都無條件接納孩子。

七、培養孩子的愛好

培養孩子的愛好就是幫助孩子**把喜歡做的事變成喜愛做、持續做的事**。愛好有教育的作用，它不僅能幫助孩子掌握一些生活技能，還可以完善其性格，提高自尊和自信。愛好有挑戰性，它幫助孩子設立目標，激發潛能，調動內在動力。達到目標後，孩子可以體驗自己對事物的掌控感和成功感。愛好還能陶冶人的性情。愛好也幫助孩子與興趣相同的朋友交往。有的愛好是暫時的，也有的可能發展成終生的興趣和生計。

孩子在課餘時間需要自娛自樂的消遣。除了上網、看電視和玩電腦遊戲，愛好可以給孩子的生活添加其他情趣。有了愛好，孩子可以放鬆減壓，可以平衡學習和生活的狀態。

幫助孩子發展愛好

我不要

— 輕視孩子發展愛好。
— 看別的孩子學什麼就決定自己的孩子學什麼。
— 逼迫孩子接受我們的興趣。
— 把自己過高的期待強加給孩子。
— 讓孩子產生畏難情緒和疲憊心理。
— 用棍棒打出孩子的"愛好"和"特長"。
— 用抱怨的語氣告訴孩子花了多少錢支持他的愛好，讓他有內疚感和失敗感。
— 嘮叨和過分地關注他的愛好，讓孩子有壓力。
— 對孩子放棄愛好過度地指責。
— 看到孩子對什麼感興趣，就指責他貪玩而扼殺了他的興趣。

☐ 了解孩子的性格特點。用心觀察孩子在不同年齡階段表現的興趣，隨時記錄下來作為參考。

☐ 和孩子談談他對什麼感興趣，盡量讓孩子自己選擇興趣。

☐ 孩子沒有表示任何興趣時，可讓他嘗試一項或幾項活動，看看他對哪個活動感興趣。

☐ 幫助孩子選擇愛好時，看看這個愛好本身是否有趣，是否可以和別人互動，是否符合孩子的性格特點。

☐ 用輕鬆的心態，用孩子容易接受的方法支持他的愛好。

☐ 堅持不懈地支持孩子選擇的愛好。孩子一旦體會到父母盡心全力地支持自己，就有更大的動力去追求愛好。

☐ 有意識地幫助孩子把愛好提升到更高的水準，比如：建議他怎樣做收藏分類記錄，參加什麼樣的運動團體，參加什麼比賽和演出，怎樣去和別人交換或者買賣自己的收藏品等等。

☐ 接納孩子變換興趣和愛好。耐心地幫助他選擇新的愛好。

☐ 准許孩子因為特殊的原因而放棄愛好。

☐ 幫助孩子愛上體育運動。運動可提高大腦靈活性，手眼協調性，增強體質，鍛煉毅力和耐力，能增強身體免疫力。

☐ 買一套搭建型積木。有趣的拼接和搭建也許造就一個未來的建築設計師。

☐ 買一套音質好的音響。經常播放古典音樂和令人神曠心怡的優美樂曲。

☐ 引導孩子學一種樂器，或者唱歌、跳舞，表演小戲劇，讓他表達情感、抒發心情，提高審美力、陶冶性情。

☐ 買一套水彩筆，從塗鴉開始，引導孩子愛上畫畫。畫畫可提升孩子對事物的認知度，培養想像力、創造力。

☐ 買一套模型船、模型飛機、模型車，讓孩子自己動手組裝，培養他的注意力、分類、挑選、搭配等解決問題的能力和動手能力。

☐ 在海邊拾一些小石子或貝殼，鼓勵孩子搜集他感興趣的東西。娃娃、卡片、模型、瓶子、硬幣等等都是不錯的收集品。

☐ 和孩子一起發展共同的愛好，如攝影、登山、慢跑、球類活動等等。

八、指導孩子交朋友

指導孩子交朋友就是要培養孩子的綜合素質，教他做個好朋友，還要教他人際交往技能，交到好朋友，懂得怎樣和朋友友好相處。人的生存需要友誼。友誼意味着朋友間的誠實、信任、理解、同情、愉悅相處、互相謙讓、互相幫助。建立和鞏固友誼是人類生存的技能之一。交朋友需要具備對情緒的控制能力、交談能力和人際交往能力。

人們通過和他人交往而學會交朋友。孩子在家庭裡開始學習與家人相處。父母是否尊重孩子，是否能贏得孩子的信賴，對孩子將來交朋友影響重大。

受歡迎的人有親和力、有誠信、富有同情心、體諒他人、寬容大度、和藹謙讓、樂於助人、修養好。人們不願意和自私自利、咄咄逼人、愛找麻煩、易怒、專橫、不誠實、沒有教養的人做朋友。

幫助孩子交朋友

我不要

— 無視孩子對友誼和朋友的需要。

— 不尊重孩子。

— 放任已經交了損友的孩子。

— 在交朋友問題上用打壓限制的方法對待孩子。

— 沒有好好了解，就貶低孩子的朋友。

— 讓孩子感覺我只是在生活上照顧他，而不是真正愛他。

— 讓孩子感覺我不可信。

— 在孩子需要我支援時我做不到。

— 只當孩子的玩伴。

— 在孩子面前沒有樹立父母的威嚴。

□ 自己先當好孩子的朋友，就是在教孩子做個好朋友。

□ 教孩子正確地認識自己、認識別人，對他人有正確的分辨力和判斷力。

□ 自己親身示範，在生活小事上盡早讓孩子建立關心、分享、幫助等利他意識。

□ 耐心、再耐心地傾聽孩子表達想法和意見，接受孩子好的建議。

□ 每天安排一定的時間和孩子一起讀書、活動、交談。給孩子時間和機會，讓他向身邊的親人學習人際交往。

□ 教孩子遵守家裡的規矩，學會為家人考慮，學會明辨是非，把握必須要遵守的道德底線。

□ 從小訓練孩子處理不同的情緒，有意識地培養情商，特別是學習如何疏導負面情緒。

□ 明確地告訴孩子什麼樣的人可以做朋友，什麼樣的人不可以為友。 "近朱者赤，近墨者黑。"

□ 定期或不定期地帶孩子和朋友全家在週末聚會。

□ 邀請小朋友到家裡來玩。

□ 讓孩子加入一個同齡興趣小組與小朋友一起玩耍。

□ 在玩耍中，關注孩子的參與、謙讓、合作、分享、寬容、原諒等品質並及時表揚。

□ 用正面的語言和語氣談論人和事。

□ 找機會讓孩子看看他自己和身邊小朋友的優缺點。讚美孩子的優點，讚美小朋友的長處。

□ 接納孩子選擇的、你認為可以交往的朋友。

□ 密切關注孩子接觸的人。發現孩子接觸損友，馬上干預。告訴他不能接觸的原因以及他要承擔交損友的後果。

□ 和年齡大一些的孩子談談社會新聞和電視電影中有人交了壞朋友的結果。

□ 孩子因為不受他人歡迎，或者被他人拒絕為友而感到沮喪時，積極地幫助孩子分析原因，坦然面對。用 "這不公平" 來表示對孩子的同情。

□ 永遠稱讚孩子對朋友所付出的幫助、時間、建議等等。讓孩子看到父母在關注他，為他的所作所為感到自豪和驕傲。

九、教孩子珍愛生命

教孩子珍愛生命就是幫助孩子學會自愛，用積極的態度對待生命和健康，懂得平衡飲食、平衡學習、娛樂和休息。懂得鍛煉身體的重要，追求健康的生活方式，生活得幸福美滿。

教孩子珍愛生命並不是一句空話，它體現在下面幾方面：

建立良好的人際關係 / 心理健康

愛惜身體 / 有良好的個人衛生習慣

安全意識 / 營養飲食

鍛煉身體 / 保證充足的睡眠

培養懂得珍惜生命的孩子

我不要

— 忽略對孩子的生命教育。

— 給孩子一個不和睦的成長環境。

— 靠打罵和控制來樹立父母的權威。

— 愛孩子就有權利傷害孩子的自尊。

— 對孩子使用棍棒教育。

— 對孩子百般溺愛，無聲無息地扼殺他的生命力。

— 對孩子用粗魯、貶低、侮辱的語言。

— 在孩子面前給自己不健康的生活方式找藉口。

— 給孩子錯覺，我們不需要他的愛。

— 過分代替孩子做事，否定他的自我價值。

☐ 多抱抱孩子，讓他看到我愛的笑容，讓他感受這個世界的溫暖和可靠。

☐ 經常對他說：「我愛你，寶貝。」

☐ 用正確的方式養育他，讓他感受到被尊重。

☐ 家庭成員之間不打、不罵、不大喊大叫，給孩子一個尊重、民主、平等、安寧、和諧的家庭環境。

☐ 無條件地愛孩子，保護他的自尊。孩子讓我失望時，不焦慮、不沮喪，不辱罵，冷靜地教導他。

☐ 讓孩子在家裡參與事情，給他機會證明自己有價值。

☐ 經常帶孩子到郊外欣賞大自然，感受生命的美好。

☐ 給三歲以上的孩子讀有關身體的繪本。洗澡時，讓他了解自己的身體部位。

☐ 幫助孩子從小養成良好的個人衛生習慣。

☐ 幫助孩子從小學習管理自己的生活。

☐ 在家裡常備一份家庭安全守則，把必要的安全知識告訴孩子。

☐ 在家裡做一些必要的防範措施，避免發生危險。

☐ 讓孩子愛上體育運動。支持孩子在不同的年齡階段，嘗試各種不同的運動。

☐ 在日常生活守則中，明確規定哪些垃圾食品損害健康，絕對不能購買。

☐ 嚴格遵守作息時間，保證全家人生活有規律。

☐ 有意識地和孩子一起演練如何交談才能有效地解決問題。

☐ 孩子受到挫折心情低落時，積極地疏導他的情緒，分析原因，找出應對的辦法。

☐ 教孩子學會感恩。從小讓他明白，我們需要他的愛，他的存在。他要珍愛他的生命，健康地生活。

十、教孩子有公民意識

培養孩子的公民意識就是按照社會的要求，規範孩子的思想道德和行為舉止，教孩子做一個遵守社會公德，受人尊重，為社會服務的好公民。公民意識是在日常生活中逐漸形成的。

幫助孩子建立公民意識

我不要

— 把孩子當成私有財產。

— 對孩子只養不教。

— 無視社會公德。

— 讓孩子成長，自己卻拒絕成長。

— 因為溺愛使孩子得不到健康的成長。

— 因為獨斷專橫而抑制孩子的個性，使他性格扭曲。

— 孩子怨恨我們。

— 孩子說我們不公平。

— 不給孩子表達的權利和機會。

— 在孩子面前談論過多社會的負面新聞。

我要做到

☐ 把養育孩子看成是培養一個將來對社會有用的公民。

☐ 尊重孩子，尤其是在他犯錯時，用尊重的語言和方法和他交談，讓他感受到我雖然是長輩，但是和他人格平等。

☐ 絕不准許孩子對我不敬。提高自己的素質，讓孩子尊重我。

☐ 從小教他守規矩。讓他明白這個世界有許多規矩和法律要遵守，他需要學習約束自己。如果違反了規矩，就要受到限制和懲罰。

☐ 遵守家裡的各項守則，讓孩子感受到什麼是公平。

☐ 開個家庭小會，給孩子機會發表自己的看法。"你認為，家裡有什麼要改進的地方？"

☐ 積極採用孩子的好建議。

☐ 讓孩子參與家庭決定。"你看我們假期去哪兒？"這次由孩子決定，下次其他人輪流做決定。

☐ 准許孩子質問我的錯誤，坦誠接受並用心改正。"孩子，你問得有道理，媽媽接受。真是對不起了，我不該打你。"

☐ 教會孩子用正面的語言說"不"，學會拒絕他人。"我不同意，我不會按你說的做，因為我覺得這樣做不對。請你理解。"

☐ 管住自己的手和腳。練習孩子可以接受的、不用打、不用踢的文明教導技巧。

☐ 言傳身教給孩子和別人相處的心態和技能：設身處地考慮對方的感受和需要，寬容、道歉、彌補過錯、爭取雙贏等等。

☐ 和孩子坐下來看看哪些是家裡不能接受的壞習慣，哪些是在公共場合不應該有的行為。

☐ 經常和孩子一起參加社會活動，多給孩子見世面的機會。

☐ 吃多少做多少，不浪費飯菜。不浪費人類共有的水、天然氣、糧食等資源。

☐ 堅持垃圾分類。

☐ 和孩子一起看時事新聞，關注社會的發展和進步。

六、家庭管理：
像經營生計一樣
經營家庭！

家

家的凝聚力是家人被愛的感覺，家人對家的歸屬感。

家庭關係固然要親密，每個家庭成員也需要在家人的支援下，發展自己的個性，健康地成長為一個成熟的個體。

家庭關係的穩定和牢固是堅守彼此的承諾，貼心的交談，還有一起度過有品質的家庭時光。

做好父母是人生最難的工作之一，我們並不能做到十全十美，但是我們可以十分盡力。儘管我們忙着工作、孩子、朋友、親情和衣食住行，但是，增進良好的家庭成員關係卻是頭等重要的大事。

父母把家庭管理好了，家庭成員和睦，給孩子的成長創造良好的家庭氛圍，親子教育才成為可能。否則，親子教育只是奢談，很難達到預期的效果。

良好和諧的家庭關係不僅對父母本身有益，它還有利於：
- 孩子在和諧的家庭環境中有安全感，有利於發展健全的人格。
- 孩子在飲食、睡眠、學習和行為等方面養成良好習慣，使大腦均衡地發展。

即便是最繁忙的父母，也可以做一些容易的事情來經營良好的家庭關係，讓各項工作變得有條不紊，讓每個家庭成員都能體現自己的價值。

經營好家庭需要有一個模式和必要的規矩。否則，家會混亂，變得不安寧。同時，還需要有靈活性。否則，家庭關係會變得僵化，家庭成員關係緊張。

採用民主型的模式對全家人都有利。全家人有一個主管，主管負責管理家庭事務，尤其是主管孩子的教育。主管的責任是保證全家人能夠應對工作、學習和生活方面的壓力。

Tips:

1. 像團隊一樣工作

- 建立"家庭價值觀"，以此作為經營家庭和教育孩子的基礎。
- 訂立一份"父母養育守則"，以此作為養育孩子的基礎。
- 訂立一份對每個人都適用的"家庭守則"和"日常生活守則"。以此作為家人日常生活、良好品德、行為和習慣養成的指南。
- 一份孩子的"安全守則"使父母減少後顧之憂，使孩子避免危險。
- 計劃活動時考慮每個人的需要。在孩子適當的年齡讓他參與家庭決策，比如訂立或變更"家庭守則"，決定旅行、週末活動等等，使孩子有參與感、價值感和主人意識。
- 每個人都參與做一些家務，承擔一定的責任，教孩子學習負責任。
- 只要不超過我們的界限和孩子的發展水準，讓孩子自己決定自己的事情。

2. 彼此欣賞和讚美

- 欣賞彼此的優點並及時表達出來。
- 對彼此的生活、愛好感興趣並積極分享。
- 熱衷參與孩子的體育、文藝活動。
- 讓孩子了解父母的工作。

3. 在一起度過有品質的時光

- 晚飯後花點時間閒談,分享當天的經歷和歡聲笑語。
- 家庭成員間分別單獨交談,可以建立和加強個人的關係。
- 定期或不定期做一些有趣的活動。利用年曆在年初制定全年的出遊安排,以及週末和假期的安排。
- 全家人一起商量事情,一起做決定。

4. 用積極的方式交流

- 愛、理解和耐心從自己做起。
- 用情感和言語表示感激、愛和鼓勵。
- 開放交談相互關心的問題。
- 不好的感覺和事情也可以交流,不封閉自己。
- 專注地傾聽對方。
- 多讚揚,少批評。批評時,談論事情,不批評人。
- 共同面對家庭要解決的問題。

5. 家庭小會

家庭小會是全家人溝通感情，處理家庭事務的最好方法。它體現了家人之間的相互尊重關係。

* 給孩子創造一個民主、平等、公平、輕鬆的成長氣氛。
* 讓孩子有參與感和歸屬感，有價值感和對事物的掌控感。
* 幫助孩子練習和他人相處的社會技能。

後面六個實用工具是家庭管理的有力助手。父母可以作為參考，制定出符合自己家庭特點的守則。

家庭價值觀

家庭價值觀是家庭成員對家庭事物所持有的信念和觀點。全家人有相同的價值觀是家庭成員團結、家庭生活和諧美滿的保障。全家人了解彼此的觀點，有助於避免誤會。家庭價值觀影響父母對孩子的教育方式。

下面是當今社會普遍認可的家庭價值觀：

- 互相尊重。
- 互相關愛。
- 坦誠、寬容。
- 分享歡樂與分擔責任。
- 追求共同愛好和情趣。
- 家人應該團聚。
- 堅守美德、信守承諾。
- 努力工作。
- 追求心靈成長。
- 終身學習。
- 營造整潔與溫馨的家庭氣氛。

還有其他觀念要添加嗎？

_____

_____

家庭守則

家庭守則體現了家庭修養，使家穩定和睦。我們期望孩子在社會交往中同樣遵守這些守則。他們的品德、禮貌禮儀和行為舉止有助於他們在未來的學習、工作和生活中成功。

我們努力做到：

- 尊重自己，尊重他人。不打人、不罵人、不踢人、不大喊大叫、不貶低別人、不羞辱別人。
- 我們說"你好"、"謝謝"、"對不起"、"再見"等敬語；我們互道早安、晚安。
- 我們感恩。我們彼此關愛。我們為家人做事，回報家人的愛。
- 我們說實話。我們遵守承諾。
- 我們對自己和家人負責任。犯了錯誤，勇於承擔責任，道歉並且改正。
- 我們為他人着想。我們互相幫助。
- 我們尊重他人的隱私，尊重他人的物品。使用別人的物品要先徵求同意。
- 我們尊重彼此的看法和建議。
- 我們保持家裡乾淨整潔。把用完的東西放回原處。把自己的房間整理乾淨。
- 為了保證人身安全，孩子無論去哪兒都要得到父母的同意。

一起制定其他重要的家庭守則：

_____

_____

_____

全家人簽字：

日期：　　年　　月　　日

養育子女守則

我們對孩子的教育要一致，不一致的家庭教育對孩子的負面影響：

- 孩子和父母感情不親。
- 孩子容易形成雙重性格，兩面派，看他人眼色行事的習慣。
- 孩子錯失了早期教育的良機。

1. 我們共同承擔對孩子的養育責任。

2. 我們正確地愛孩子，用科學的方式養育孩子。

3. 我們有一致的教導原則。

4. 我們願意和孩子共同成長。

5. 我們努力給孩子創造一個民主的家庭環境，快樂的家庭氣氛。

6. 我們選出一個成年人主管孩子的教育，其他人做輔助教育。這個人是

_____。

7. 我們之間互相尊重，避免在孩子面前貶低另一方。

8. 我們一致地對待孩子。一方教導孩子時，另一方一定給予支援。

9. 我們做到不控制、不溺愛、不縱容、不包庇、不賄賂孩子。

10. 我們堅持持續地教導孩子，不中斷，不放棄。

11. 我們規定每天陪孩子的時間，雷打不動。沒有做到，一定要補上。

12. 我們為孩子做正面的榜樣，身教重於言教。

13. 出現問題時，就事論事，不針對人批評，不翻舊賬。

14. 我們不在孩子面前發脾氣、吵架。

15. 我們不說粗魯的話。

16. 我們誤解了孩子，或者沒有遵守承諾，一定向孩子說道歉，請他原諒。

17. 我們不在吃飯時教育孩子，不在睡覺前教育孩子。

其他重要的養育守則：

_____

_____

_____

_____

_____

父親和母親（簽名）：

祖父母（簽名）：

日期：　　　年　　　月　　　日

日常生活守則

家裡的每個人都有自己的角色和工作。日常生活守則能夠幫助父母輕鬆地協調好全家的日常生活。開始時會花些時間和精力，一旦形成規律，全家人受益匪淺。

讓孩子一起參與制定具體的日常生活守則，孩子會有意識地去遵守。孩子將來長大時，能夠自己制定新的守則，而且懂得違反守則要承擔的後果。

日常生活守則幫助全家：

- 加強親子關係，有好的行為，就有好的親子關係。
- 養成健康的生活習慣和良好的衛生習慣。
- 建立規律的生理時鐘，提高身體免疫力。
- 發展對自己、對他人的責任感。
- 釐清日常生活的規矩和界限。
- 學習和別人和諧交往的技能。
- 管理時間，認真做事，注重效率和效果。
- 平衡學習和工作的壓力。

日常生活守則幫助父母：

- 認真地盡父母的職責。
- 有明確的行為標準，能夠始終如一地教導孩子。

- 有效地完成每天的家務和教導工作。
- 在忙碌中有條不紊，減少壓力。
- 節省時間，關照我們自己的生活。
- 避免說教、嘮叨、大喊大叫。
- 從不斷的解決問題的煩惱中解放出來。

1. 家務責任分工

祖父：_____

祖母：_____

爸爸：_____

媽媽：_____

孩子：_____

保姆：_____

2. 用餐時間

早餐：_____

午餐：_____

晚餐：_____

3. 健康的零食：＿＿＿＿＿＿＿＿＿＿＿＿＿＿＿＿

4. 不健康的食品：＿＿＿＿＿＿＿＿＿＿＿＿＿＿＿

5. 個人隱私：＿＿＿＿＿＿＿＿＿＿＿＿＿＿＿＿＿

6. 語言：＿＿＿＿＿＿＿＿＿＿＿＿＿＿＿＿＿＿＿

7. 看電視和玩遊戲時間：＿＿＿＿＿＿＿＿＿＿＿＿

8. 完成學校作業時間：＿＿＿＿＿＿＿＿＿＿＿＿＿

9. 其他學校要求：＿＿＿＿＿＿＿＿＿＿＿＿＿＿＿

10. 課外活動做什麼：＿＿＿＿＿＿＿＿＿＿＿＿＿

11. 被禁止的活動：＿＿＿＿＿＿＿＿＿＿＿＿＿＿＿

12. 用電腦和上網時間：＿＿＿＿＿＿＿＿＿＿＿＿＿

13. 閱讀時間：＿＿＿＿＿＿＿＿＿＿＿＿＿＿＿＿＿

14. 看管寵物：＿＿＿＿＿＿＿＿＿＿＿＿＿＿＿＿＿

15. 零用錢：_____

16. 零用錢／存錢：_____

17. 家庭集體活動：_____

18. 接待客人：_____

19. 抽煙、喝酒：_____

20. 作息時間：_____

    起床：_____

    午休：_____

    睡覺：_____

日常規矩提示：

- 不打人。
- 不說 "恨"。
- 全家人一起吃飯。
- 控制憤怒。
- 對自己的情緒負責。
- 每人每天做一件家務事。
- 吃飯時不看電視。

- 做作業時不看電視。
- 在外面吸煙。
- 不在廁所看書、玩 iPad。
- 飯後不能馬上玩電腦。
- 你希望別人怎樣對你，你就怎樣對待別人。
- 努力做到最好。
- 進別人的房間先敲門。

我們的其他規矩：

1. _____

2. _____

3. _____

4. _____

5. _____

6. _____

家庭年度安排

每年年初做好全年的家庭行程：

1. 根據每年的年曆日期，在年初安排全年度的家庭各類事務，制定新的目標。全家人討論新一年的生活、學習目標。例如：

- 全年節假日安排。
- 家庭成員在週末和假期一起做的活動。
- 關於健康，怎樣鍛煉身體，怎樣增強孩子的體質。
- 關於孩子的教育。
- 探望父母。
- 和朋友相聚。

2. 制定相應的時間表

時間表是一份家庭管理的備忘錄，是一份家庭的執行手冊。利用月曆寫出所制定具體的時間等細節。 例如：每週一次探望父母的時間，長假期的旅遊時間及目的地，定期開家庭小會的時間。

孩子安全守則

家居安全

一、告訴孩子不能做哪些危險的事情：

☐ 不能爬上窗台和窗戶（會摔傷）。

☐ 不能喝洗手液、洗碗劑（會中毒）。

☐ 不能用手摸熱水壺（會燙傷）。

☐ 不能開熱水龍頭（會燙傷）。

☐ 不能用手碰電源插座（會觸電）。

☐ 不能用手碰正在旋轉的電風扇（會受傷）。

☐ 不能拿菜刀玩（會刀傷）。

☐ 不能玩火（會火災和燒傷）。

☐ 成人不在家，不能自己點火熱飯，不能使用微波爐（會燙傷）。

二、做好家裡的預防工作：

☐ 把藥品放到孩子夠不到的地方。

☐ 把電源插座放在幼兒夠不到的地方。

☐ 把香水、香薰等用品放到幼兒夠不到的地方。

☐ 用膠紙把電源插座包上。

☐ 把熱水器的溫度調到五十度以下。

☐ 安裝煙霧探測器。

□ 把點火器、打火機放到孩子夠不到的地方。

□ 人不在家，不點蠟燭和香薰。

□ 做飯時，看管好孩子。

人身安全

一、告訴孩子保護人身安全：

□ 獨自在家不能給陌生人開門，比如：快遞員、警察、查電 / 水錶的人等等。教孩子說，"對不起，爸爸媽媽不在家，請您改天再來。"

□ 獨自在家不能給認識的人開門，比如：叔叔、阿姨、爸爸媽媽的同事，朋友等等。教孩子說，"對不起，爸爸媽媽不在家，有什麼事情我可以轉告，或者您給他們打電話吧。"

□ 不讓陌生人離你太近。讓孩子張開手臂，畫一個圈。陌生人要在圈以外才是安全的距離。

□ 不輕信陌生人。

□ 不跟陌生人走。

□ 不要陌生人給的小禮物。

□ 不吃陌生人給的食物。

□ 不讓任何人摸你身體的特殊部位，比如：乳房、生殖器。

□ 被陌生人帶走，要大喊："我不認識他！"

□ 和附近的同學一起上下學。

□ 記住父母的手機號碼和其他求救電話。

□ 得父母同意才可以離開家出去玩。

□ 想邀請朋友來家裡玩，事先要和父母講，父母要同意。

二、告訴孩子：

□ 如果別人令自己感覺到害怕、恐懼，或者身體有反應，就是有不好的事情要發生，例如：全身發抖、手出汗、起雞皮疙瘩、心跳快、想哭、膝蓋發軟、嗓子發緊等。

□ 自己感覺不應該保密的事，一定要告訴父母和自己信任的人。

□ 感覺有受傷害的危險，一定要拒絕，要立即跑開。

□ 不論已經發生了什麼事，有什麼結果，一定要告訴父母。和父母講了就不會有麻煩。

三、常用求救電話號碼：

火警：＿＿＿＿＿＿＿＿＿＿＿＿＿＿＿＿＿

盜警：＿＿＿＿＿＿＿＿＿＿＿＿＿＿＿＿＿

急救車：＿＿＿＿＿＿＿＿＿＿＿＿＿＿＿

公共交通安全

告訴孩子避免發生意外事故：

□ 嚴格遵守交通規則。過馬路走斑馬線，不闖紅燈。沒有紅綠燈的地方，要停下來，看左看右，沒有車才能過。

□ 不攀爬公共設施和建築。

□ 不在公用電梯裡玩耍。

□ 乘坐公共交通要排隊。

☐ 單車不可騎太快。

☐ 不在馬路上和同學比賽跑、比賽騎車。

☐ 不在旋轉門處玩耍。

訓練孩子的自救技能

和孩子一起討論下面的問題，引導孩子想出一些自救的辦法，演習一下。

☐ "如果家裡著火了，怎麼辦？"

☐ "如果發生地震，怎麼辦？"

☐ "如果被困在電梯裡，怎麼辦？"

☐ "如果被陌生人強行帶走，怎麼辦？"

☐ "如果爬到了高處下不來，怎麼辦？"

☐ "如果不小心摔傷了，怎麼辦？"

網絡安全

一、父母要做的工作：

☐ 把電腦放在客廳或書房裡，以便監管孩子上網時間。

☐ 和孩子一起定上網守則。

☐ 告訴孩子，恐怖嚇人的、成年人的網絡資訊不可以看。

☐ 和孩子討論網絡的好處（查資料、閱讀、玩遊戲、和朋友交流等）和
危險性（盜竊資訊、傳播病毒、虛假資訊、騙誘小孩子等）。

☐ 用軟件過濾不適合孩子瀏覽的內容和關鍵字。

☐ 查看歷史記錄，監管孩子瀏覽過什麼網站。

二、和孩子一起定守則：

☐ 避免上網時間太長，規定具體的上網時間。

☐ 查學習資料、玩有趣的遊戲、聽歌等，做有意義的事可以上網。

☐ 出現了不好的、令人不舒服的畫面和內容，一定要告訴父母。

☐ 在網上如果有不認識的人要交朋友，一定要告訴父母。

☐ 不能私自見陌生人。如果要和不認識的人見面，一定要有父母陪伴。

☐ 不能給陌生人任何個人和家裡的資訊。

☐ 孩子違反上網時間，或者看了不合適的內容，父母要禁止上網一段時間。

七、 孩子需要自主獨立，我怎麼支持？

孩子的心聲：

爸爸媽媽，讓我從小在家裡做點事，我就覺得我有用，我在長本事，我就開心。要是你們什麼都替我做了，我將來還能幹什麼呢？我不想當一個低能。愛我，請放手，請相信我，耐心地教我學習做事吧。

✔ 預見性地放手——滿足孩子的自主感盡早開始

我的一位學生媽媽向我抱怨，九歲的女兒做事磨蹭、拖拉、不聽管教。她說她在盡職盡責地督促孩子完成每天的任務。她希望看到女兒開朗活潑，做事主動，乾淨利落，很快把作業做完。可是為什麼孩子做不到？也高興不起來呢？

沒人願意聽別人嘮叨，沒人願意被別人監管。年齡再小的孩子也是一樣。孩子本能地要求生活自主和獨立。我記得，兒子在幾個月時，就要自己抓着奶瓶喝奶，然後就嘗試自己用勺子吃飯，自己拿水瓶喝水。我擔心他吃不好要幫助他，他揮動小胳膊阻止我。學走路時，當我怕他摔跤要扶他一下時，他也是揮動胳膊阻攔，反抗我幫他。這些舉動都是孩子內心發出來的。

孩子自主地一次次地嘗試，一次次對自己肯定，越激發他的自我動力感，越想大膽嘗試其他技能，越有信心去挑戰和把握更陌生的事情。這個過程讓他變得更有責任心，更自信。

在孩子嬰幼兒期，大多數父母很自然地支持孩子的自主性，准許孩子完成一些基本的生存技能，例如，讓孩子自己進食、走路等等。反而，當孩子長大些，一些沒有養育經驗的父母就開始犯錯了，他們整天憂心忡忡地圍繞在孩子身邊，代替孩子做那些孩子能夠做、想要做的事情。

有了包辦代替的習慣，父母、祖父母或者保姆包辦更多的事情。孩子越被照顧得無微不至，越有可能喪失自主能力和獨立能力。要求喪失自主性的孩子對己、對人、對事負責任是相當困難的。嚴重的對未來的學業、生活和工作都有影響，他們在社會上常常處於劣勢地位。

顯然，抑制孩子天生自主性的後果是許多父母沒有意識到的。心理學家告訴我們：孩子對自主感的需求從兩歲左右就開始了。如果那位學生媽媽從孩子兩歲開始就懂得支持她的自主性，培養主動性，到九歲時，媽媽看到女兒做事主動有效率，她會是多麼開心啊。

父母培養孩子獨立自主的能力，僅僅改變自己的認識還遠遠不夠，還需要在日常生活中完成這項任務。下面的內容是我在諮詢過程中使用的工具。建議父母作為參考，或複印多份，並堅持使用。可根據孩子的年齡選擇自理與家務清單，承諾書和自我激勵表格。

1. 孩子自理與家務清單

✓ 2-3 歲孩子自理與家務清單

生活自理

- 和奶瓶説再見。

- 自己用杯子喝水。

- 收玩具和書。

- 吃飯要坐好。

- 自己用勺子吃飯。

- 把外衣放掛到衣鈎上。

- 把髒衣服放到洗衣筐裡。

- 自己獨立睡覺（分床、分房）。

- 起床後整理床鋪。

- 自己去衛生間，然後自覺洗手。

- 按時睡覺起床。

- 關燈睡覺。

- 學習自己穿、脱褲子。

- 自己繫扣子。

- 自己刷牙。

- 遵守玩耍時間。

- 勤洗手。

還有其他：

———————————————

———————————————

參與家務

- 飯前幫助擺碗筷。
- 撢桌子上的灰塵。
- 整理客廳。
- 幫助家人晾曬衣服。
- 幫助垃圾分類。
- 學習餵寵物魚。
- 堅持澆花草。
- 購物後幫助提拿較輕的物品。

還有其他：

———————————————

———————————————

✔ 4-5 歲孩子自理與家務清單

生活自理

- 自己學習穿衣服。

- 自己整理床鋪。

- 照看自己的書包、水瓶的物品。

- 自己準備好按時去上學。

- 自己揹書包。

- 按規定時間寫作業。

- 除非生病，否則要堅持上學。

- 自己繫鞋帶。

- 每天按時整理玩具。

- 主動按時上床睡覺。

- 早晨用鬧鐘叫醒起床。

- 遵守玩遊戲的時間。

還有其他：

_____

_____

參與家務

- 用完的物品放回原處。
- 幫助收疊全家洗過的衣服。
- 幫助晾曬衣物，遞衣服、配對襪子等。
- 購物後幫忙提拿較輕的物品。
- 幫忙把購買的東西歸位。
- 和成人一起擇菜、洗菜。
- 和成人一起做簡單食物。
- 飯前擺桌子，飯後收拾桌子。

還有其他：

_____

_____

✔ 6-7 歲孩子自理與家務清單

生活自理

- 每天自覺地整理床鋪。
- 自己刷牙洗臉。
- 自己洗澡。
- 清洗洗臉盤。
- 自己選衣、穿衣。
- 按時間完成學校作業。
- 使用鬧鐘叫醒起床。

還有其他：

_____

_____

參與家務

- 負責看管寵物（如有的話）。
- 幫助洗碗，收洗乾淨的碗筷。
- 幫助家人晾曬全家的衣物。
- 幫助收疊晾乾的衣服並歸位。
- 掃地、擦地或吸塵。
- 飯前幫助擺碗筷、端飯菜（需成人照看）。
- 洗刷廁所。
- 每天倒垃圾。

還有其他：

_____

_____

_____

✓ 8-12 歲孩子自理與家務清單

生活自理

- 管理個人衛生。
- 保持房間乾淨整潔。
- 按規定時間換床上用品。
- 對作業負責。
- 對自己的物品負責。
- 使用鬧鐘叫醒起床。
- 保護個人物品，更換電池等。

還有其他：

_____

_____

參與家務

- 晚飯後洗碗。
- 準備簡單的食物。
- 幫助打掃衛生間。
- 會用洗衣機。
- 準備家庭聚會食物。

還有其他：

_____

_____

_____

爸爸媽媽，愛我，請不要剝奪我做事的機會。在家有機會，未來才有機會。有機會就有希望！當我做了這些事，你們巨大的收穫將是──我成為一個對人、對己負責任的人！我是一個自理自立的人！我是不用你們操心的人！

2. 常用的獎勵和後果承擔

1. 獎勵和鼓勵

- 延長休息、玩樂的時間。

- 做孩子自己喜歡的事。

- 週末的一次郊遊，或者假期出遊、去遊樂場、參觀博物館等等。

- 購買一本喜愛的新書。

- 看一場電影。

- 做一次體育運動。

- 寫一個意想不到的鼓勵便條放在他的枕下或筆盒裡。

- 不時給他一份驚喜的小禮物。

其他獎勵：

_____

_____

_____

_____

_____

2. 後果承擔

- 坦白地説出事實。

- 説"對不起",還必須以行動彌補。

- 拒絕孩子的要求。

- 在規定的時間裡,不能坑坑具、遊戲、騎單車等等。

- 比規定的時間早上床睡覺。

- 取消看電視、和朋友玩、出遊等計劃。

- 損壞或丟失東西,以做家務或用自己的零用錢來彌補。

- 做額外的家務。

其他後果承擔:

_____

_____

_____

_____

3. 孩子自我激勵心理工具

承諾書

對頑皮的、難以管教的孩子，對難以形成的、或是難以改正的習慣，使用承諾書來約束，教孩子懂得承諾的意義以及違反承諾的後果。

自我激勵表格

孩子做到了自己選擇的，或是和父母約定的事情，自己主動做記錄，每一次記錄都是對自己積極的、正向的肯定——我能做到！

Tips:

- 把行為習慣訓練變成孩子自己的事情。
- 根據孩子的年齡、自身能力、行為狀況，有選擇並靈活地訓練。

承諾書一

和別人友好相處，我要做到！

1. 學會對人微笑，問候"你好！"。

2. 和別人説話時，眼睛看着對方。

3. 我不打人、罵人、踢人、推人。

4. 別人在説話，我不打斷，我注意聽。

5. 和小朋友發生問題，告訴老師和爸爸媽媽。

6. 不開心時，想想別人的感覺。

7. 我很高興和小朋友們分享。我不霸道，我謙讓。

8. 我學習怎樣和別人説話。

畫個我的笑臉：

畫個父母的笑臉：

日期：　　　年　　　月　　　日

✔ 承諾書二

我有好行為 ，我要做到！
我要按照家人接受的行為約束自己。

我不：

1. 打斷別人講話。
2. 專橫無禮、發脾氣。
3. 懶散、拖拉。
4. 哭鬧索要東西。
5. 耍賴。

還有：

_____

_____

我保證做到：

1. 保持個人的衛生。
2. 對人有禮貌。
3. 吃健康食品。
4. 控制遊戲的時間。

還有：

_____

_____

做到後，我得到的鼓勵是 _____。

沒有做到，我要承擔的後果是 _____。

畫個我的笑臉：

畫個父母的笑臉：

日期： 　　 年 　　 月 　　 日

✔ 承諾書三

我願意自我管理，我要做到！

我要按照家人接受的行為約束自己。我承諾：

1. 我要對自己的行為負責。我做錯了，不怪罪別人。

2. 我願意從錯誤中學習，自己承擔後果。

3. 我希望別人怎樣對待我，我就怎樣對待別人。

4. 我尊重別人的情感，不用粗暴無禮的態度和話語傷害別人。

5. 我尊重別人的隱私，不隨便翻動別人的東西。

6. 我為了自己和別人的安全，不打人、不破壞、不做危險的事。

7. 別人強迫我、欺負我，我不讓步、不屈服，我要學會處理問題。

8. 我遵守家庭守則。家裡和家外，行為一致。

9. 我不企求、不抱怨、不耍賴，我學習正確的和別人說話的方法。

10. 我用積極的態度對人對事，避免消極、悲觀、被動。

做到了我的承諾，我得到的鼓勵是 _____ 。

沒有做到，我要承擔的後果是 _____ 。

我的簽字：

父母的簽字：

日期： 　　年　　　月　　　日

承諾書四

學習待人接物，我要做到！

1. 在適當的場合，見人微笑，主動地打招呼，介紹自己。

2. 和別人說話時，眼睛看着對方，認真地傾聽、交談。

3. 說話態度堅定、自信。

4. 保持和他人交往的界限：

離對方有一臂的距離。

不讓對方尷尬。

不詢問對方的私人問題。

5. 認真聽對方講話。我不搶話，不打斷對方。

6. 和別人發生衝突時，保持冷靜，理智地爭論，友好、公平地解決。

7. 考慮別人的感受，為別人着想。別人有困難時，我表示同情，用行動支持。

8. 不嫉妒別人。我分享別人的喜悦，為別人高興。

9. 和別人玩時，要公平、謙讓。

10. 對別人要耐心、寬容。

我的簽字：

父母的簽字：

日期：　　　年　　　月　　　日

早晨和時間賽跑——我做到了！

姓名：　　　　　　　　　日期：

事情 時間	起床	穿衣	刷牙 洗臉				
週一	☺						
週二							
週三							
週四							
週五							

自我管理貼紙 / 畫畫：整理床鋪、穿衣、刷牙、洗臉、梳頭、裝書包、穿衣、穿鞋等，自行設計填寫。

其他：

✔ **自我激勵表格二**

好習慣——我做到了！

姓名：　　　　　　　　　　日期：

事情 時間	飯前便 後洗手	按時睡 覺起床	自己獨 立睡覺					
週一	☺							
週二								
週三								
週四								
週五								

好習慣貼紙／畫畫：飯前便後洗手、按時睡覺起床、自己獨立睡覺、關燈睡覺、遵守玩耍時間、把髒衣服放到洗衣筐裡。

其他：

✔ 自我激勵表格三

幫忙做家務——我做到了！

姓名： 日期：

事情 時間	飯前 幫忙 擺碗筷	一起晾 曬衣服	幫忙垃 圾分類			
週一	☺					
週二						
週三						
週四						
週五						

家務貼紙／畫畫：飯前幫忙擺碗筷、一起晾曬衣服、幫忙垃圾分類、和家人一起做簡單的清潔、餵寵物。

其他：

✔ 自我激勵表格四

我的事情我做主——我做到了！

姓名：　　　　　　　　日期：

我要完成的事情：

這是我自己的事情。這不是別人的事情。

完成時間：　　　小時　　分鐘

	週一	週二	週三	週四	週五	週六	週日
我明白家裡的規矩，我知道父母的期待，我不讓家人為我操心。 我承諾做到： 1. 自己選擇要堅持做的一件事。 2. 自己填表格，每次完成後自己貼紙、畫畫或打✓獎勵自己。 3. 對自己負責，堅持做到已經承諾的事情。 4. 自我監督，沒有做到，要彌補。 5. 接受家人善意的提醒。 6. 我堅信：堅持就能成功，直到養成好習慣為止。							

從中選擇一個事情：按時完成作業、閱讀、收拾書包、按時起床、按時睡覺、疊被子、整理桌面、整理房間等。

4. 巧用圖表：
圖表是必不可少的衡量標準

孩子喜歡圖表，喜歡貼紙簿，尤其是自己動手做的。本書中的圖表可以直接使用，也可以當作參考，引導孩子自己動手設計製作，自己選擇顏色，自己畫畫。

總之，讓孩子從開始就參與，把他每天要做的一些事情，或者應該遵守的行為準則寫在圖表上，用圖表來管理自己的行為習慣。孩子能主動地參與，會感到很有樂趣。

除了必要的守則外，還有哪些輕鬆養育的小招數？

1. 買一些彩色的便箋紙。

2. 買一個能吸附的記事板掛在孩子能夠得到的牆上。記事板是全家人有效溝通的實用工具。它讓許多紛雜瑣事一目瞭然，孩子可以把學校的通知貼在板上。使用習慣了，它可以節省全家人的時間和精力，使家庭的管理更有效率。

Tips:

- 在家人之間傳達愛和感謝，給家人出乎意料的驚喜，增進家人的情感。

- 隨時給孩子寫個便條，感謝他在日常生活中的好行為。"謝謝你，今天不用我提醒，你就自己主動收拾書包了。我很輕鬆，很開心。"

- 時而寫個讚美、幽默、感謝的小便條，放在孩子的枕頭下或者他的文具盒裡。

- 在早晨寫下提醒孩子一天要做的事情，貼在記事板上。避免嘮叨。

- 孩子把不好意思當面說的話寫在小紙條上。"對不起，我錯了。"會令我們很感動。"我知道這樣做不好，下次一定注意。"會讓我們很安心。

- 孩子提醒我們要做的事。

- 孩子表達他的不滿。"媽媽，我不願聽你剛才說話的語氣。"

我的孩子未來是什麼樣？

我希望我的孩子：

人格和品格：

☐ 自尊

☐ 自愛

☐ 有誠信

☐ 有同情心

☐ 有同理心

☐ 自律

☐ 獨立

☐ 抗挫力強

☐ 善於挑戰

人際交往的能力：

☐ 懂得調整不良情緒

☐ 能體會他人的感受

☐ 善於表達和傾聽

☐ 和他人和睦相處

☐ 欣賞不同的文化

☐ 尊重不同的價值觀

☐ 有達成雙贏的能力

自我負責的能力：

☐ 了解自己

☐ 懂自我管理

☐ 自主自立

☐ 懂得設定個人目標

☐ 執行力強

☐ 工作能力強

活用知識的能力：

☐ 會說、會讀、會寫、會算

☐ 會用新科技

後記：我的故事

父母的言傳身教

我的父親對我沒說過太多，但是他做的榜樣，以及他對我人生的指點使我一生受益。

我的母親，善良、開明，從不說教和嘮叨。但是她那幾句讓我受用一生的話，我卻一輩子都忘不了。

我 5 歲。有了新夥伴，媽媽立規矩說，"到鄰居家玩，不能碰人家的東西。"

6 歲。見到地上有錢，我剛要撿起來，媽媽拉我的手走開了，說"別撿了"。

7 歲。我拿着蘋果出家門，媽媽對我說，"在家吃完了再出去。"

8 歲。媽媽說，"你負責生爐子吧。"

9 歲。媽媽說，"書中自有黃金屋。"

11 歲。媽媽説，"欺負我的人還沒有出生呢。"

26 歲。回家看父母。媽媽説，"我為社會培養孩子呢。"

28 歲。媽媽説，"我不嫌貧，也不愛富。"

42 歲。媽媽説，"人老了更要堅強地活着。"

我做了母親，把母親的話對兒子説了一遍。我還對兒子説：

"我是你的第一個朋友。"

"我給你建議，但我不會替你做決定。"

"記住三個獨立：精神獨立、情感獨立、經濟獨立。"

"我建議你，讓自己從男青年成長為一個獨立的男人。"

時光流逝，世代相傳。人們就是這樣承傳着那些孩子所需要的立命之本。
家庭是孩子的第一所學校，父母是孩子的第一任老師。

當老師，也當了兒子的教練

大學畢業，首選志願是當教師，如願以償。懷着那份滿滿的熱情，想當一個好教師。在課上成功地實踐了以"學生為本"的理念。我的角色是教練，讓學生唱主角。

後來，我的教學風格很自然地用到了我的另一個角色上 —— 母親。兒子出世後，我當了兒子的教練，以"兒子為本"，讓他快樂地做他自己。當然，給兒子自由空間，並不是放任不管。規矩一定要訂，而且還要認真地訂。永遠給兒子留 20 米的距離，用眼睛觀察他，適時引導他。

我對兒子的教育原則是三個獨立。訓練他盡早學會自己思考、自己選擇、自己做決定。兒子 5 歲時開始在商店選鞋挑衣，整理房間；9 歲開始熨燙校服。我這個母親當得很輕鬆。

曾讀到："青年人不得沒有長者為友。"我便有意識地把兒子當作我可以信賴的朋友。血緣親情再增添一份友誼的親子關係，意味着雙向的尊重、信任、心靈的溝通、精神上的支持和幫助。無論兒子離我有多麼遙遠，我感覺他離我很近，和我很親。

回顧生活中的點點滴滴，我深刻地領悟到：生活本身就是教育。

只要理順親子關係，使用科學方法，父母養育就輕鬆許多，快樂許多。

我愛我的孩子

我愛所有的孩子

此書

獻給我的父母，你們的愛和開明的養育深深地影響著我的一生。

獻給我的兒子，未來的父親，你將和你的孩子一起成長。

獻給所有的孩子，希望你們快樂。

獻給所有的父母，希望你們幸福。